국제재무원리와 사례

Principles and Cases of International Finance

국제재무원리와 사례

Principles and Cases of International Finance

신 상 헌

리북

국제재무원리와 사례를 시작하면서

　재무財務, Financial Management는 돈과 관련된 일, 즉 돈을 관리하는 학문이다. 인간이 경제사회에서 생활하는 이상 돈을 떠나서 살기는 매우 어렵거나 불가능하다. 그런데 돈은 기업뿐만 아니라 대부분의 사람에게도 꼭 필요하지만 항상 좋은 것이라고 할 수 없는 필요악必要惡의 하나로 간주된다.

　그 동안 국제재무를 강의하면서도 이익을 추구해야 하는 재무의 특성과 이에 필연적으로 따르는 위험성 및 부작용을 효율적으로 설명하는 방법이 항상 개선해야 하는 큰 과제였다. 예를 들면 학문의 특성상 국제경영 중에서도 국제마케팅은 교과서의 가치보다는 개인의 창의성이 더 큰 힘을 발휘하는 학문분야이다. 이에 비해 국제재무는 창의성보다는 규칙과 법규를 따라야 하는, 이를 어길 경우 범죄로 간주되는 매우 엄격한 학문이자 현실이었다.

　하지만 최근 들어서는 재무 분야에서도 다양한 생각들이 논의되기 시작하였다. 기업들은 이익의 극대화에서 상대적으로 약한 이익관계자 집단과 상생할 수 있도록 하는 이익의 적정화, 일시적인 최대성과보다는 장기적으로 생존할 수 있는 지속가능성sustainability에 대한 생각과 평가 그리고 비윤리적 금융체제와 기관에 대해 "우리는 99%이다"라고 항의하는 생각들이 중요시되는 사회로 전환하는 중이다.

이러한 새로운 의식환경에서 현대기업들의 과제는 국내에서 국가간, 다국간 그리고 글로벌로 넓어지는 활동영역에서 투자를 시행하고 안정적이면서도 윤리적인 수익을 이루는 일이다. 넓어지는 활동영역은 기업들에게 국내보다 더 많은 기회와 정보를 제공하여 도약할 수 있는 발판이 될 수도 있는 반면 더 많은 위험과 불확실성 속에서 의사결정을 정확하게 이루어야 하는 과제도 안고 있다.

학문적 입장에서는 기업들의 해외경영활동으로 인하여 현대의 재무관리는 다국간에 통용되는 금융상품과 경영기법을 연구해야 하고, 다국적 기업들의 투자와 이익의 기회가 증가하는 동시에 높아지는 시장위험에 대비하여 위험관리와 투자기법 및 현지법규 등도 함께 공부해야 한다.

본 국제재무원리와 사례에서는 이러한 생각들을 바탕으로 재무와 관련된 기본원리와 용어 그리고 국제재무와 약간의 국제회계 분야의 내용을 설명하고 있다.

재무원리부분에서는 재무의 정의와 과제(1장)와 위험과 수익에 관한 고찰(2장), 화폐의 시간적 가치를 계산하는 현가와 종가의 개념(3장), 현가종가를 이용하여 채권과 주식 등의 유가증권을 계산하는 방법(4장), 임대차의 종류와 비용을 계산(5장), 자본의 원천과 비용에 대한 개념과 계산(6장), IRR, NPV 등 투자수익률을 산출하는 자본예산(7장) 그리고 대리인 비용이나 차입자본효과를 설명하는 자본구조(8장)로 구성되어 있다.

재무원리에서 학습한 기본개념과 계산기법을 바탕으로 국제재무부분에서는 국제통화제도의 변화와 이유에 대한 고찰(9장), 다양한 채권의 종류와 채권이 가치를 산출하는 국제채권시장(10장), 복수상장의 의미와 다른 나라의 주식시장을 살펴보고(11장), 금융선물시장을 살펴보고 다양한 파생상품을 다루어보는 장(12장)으로 나누었다.

그리고 재무전공자들이 필수적으로 해독할 수 있어야하는 국제회계부분에서는 다국적기업들의 외화환산방법(13장), 감가상각방법(14장), 끝으로 국제조세와 이전가격계산(15장)으로 마무리하였다.

2012년 3월

차례

1.
국제재무의 정의와 과제

1. 재무와 국제재무의 정의

재무finance는 내용이 광범위하고 복잡하나 쉽게 설명하면 '돈을 관리하는 일the management of money'이라고 말할 수 있다. 여러 학자들에 의해서 설명되는 Wikipedia의 정의[1]에서 재무의 뜻을 살펴보면 다음과 같다.

재무는 단순하게 자금을 관리하는 일이며, 현대재무는 기업의 설립과 마케팅 그리고 자금관리를 포함하는 경영활동 중의 하나이다. 그리고 자금관리는 여러 형태의 자본과 재무상품 그리고 자산과 부채 및 위험을 교환하고 이전하기 위해 만들어진 시장을 통하여 이루어진다.

---

[1] Modern finance is a family of business activity that includes the origination, marketing, and management of cash and money surrogates through a variety of capital accounts, instruments, and markets created for transacting and trading assets, liabilities, and risks.

이외에도 재무의 특징은 한 국가나 글로벌시장을 망라하여 정치적 경제 주체 안에서 체계를 이루고 법규화되는 복잡한 구조를 가지고 있다. 비록 재무의 가장 큰 목적은 주주들 부의 증대에 있지만 이를 이루기 위해서 만들어지는 여러 재무기법이나 상품, 시장을 예측하는 기술, 시장위험을 회피하거나 관리하는 기법들은 종종 과학이나 예술로 평가받기도 한다.

국제재무International finance[2]는 재무의 이론과 환경을 바탕으로 국제적인 기업의 재무활동을 관리하고 연구하는 실무이자 학문이다. 주로 수출이나 외환관리 그리고 국경을 넘는 현지투자 등의 경영활동을 하는 기업들에게 발생하거나 수행해야하는 자금을 안정되게 관리하는 분야이다. 그리고 기업과 국제경제시장사이에서 발생하는 위험과 수익을 관리하여 재정적으로 안정된 기업을 유지하는 행위인 동시에 학문이다.

일반적 재무가 기업의 가치나 부를 극대화하는 역할을 하는데 있다면, 국제재무는 기업의 활동 영역이 세계로 넓어짐에 따라 부를 증가시킬 수 있는 다양한 기회가 존재함과 동시에 더 높은 위험에 노출될 수 있다.

www.shutterstock.com · 3106866

---

2) International finance is the branch of economics that studies the dynamics of exchange rates, foreign investment, and how these affect international trade. 〈investordictionary.com〉

2. 재무담당자이사CFO의 사회적 의무 및 책임

기업의 재무는 신체의 혈액과도 같다. 예를 들어 마케팅부서는 일정기간 휴식을 취할 수도 있지만 재무는 각 부서에서 끊임없이 요구하는 자금이나 비용을 지불해야 하며, 이러한 지출을 예측하여 사전에 예산도 책정하여야 한다.

재무는 기업 내 다른 부서에 비해 매우 엄격하고 내부 규칙뿐만 아니라 투자 및 회계 기준 등 외부 법규도 충실히 따라야 한다. 따라서 보상이나 책임 또한 다른 부서나 영역에 비해서 크다고 할 수 있다.

대부분의 기업에서 재무의 총책임자인 재무담당이사Chief Financial Officer, CFO는 최고경영자Chief Executive Officer, CEO의 다음 직위로 부사장Vice-President, VP의 직함을 동시에 가지고 있는 것이 일반적이다. 이는 재무부서가 기업의 예산이나 자금관리뿐만 아니라 기업의 투자 방향을 분석하고 결정하는 중대한 역할을 하는 부서이기 때문이다.

이러한 역할을 수행하기 위해서 재무담당자들은 수많은 재무기법과 상품을 이용하여 예상되는 소요자금을 가능한 낮은 비용으로 조달하여야 하며, 근로자들의 급여, 직간접비용, 구매원가 등 지속적으로 지출되는 회계 항목에 대비하여 항상 유동성liquidity을 확보해야 한다. 또한 기본적으로 유동성이 높아질수록 보유자금의 수익성은 낮아지므로 유동성과 수익성의

수위를 조절하여 수익을 적정화해야 할 의무를 가지고 있다. 재무담당자는 기업내부와 투자된 사업 내의 현금흐름에 대해 위험과 불확실성을 최소화하여 예상하지 못한 기업의 손실을 줄여야 한다.

이러한 기업내부에서의 의무뿐만 아니라 사회의 여러 이해관계자stakeholders들에 대한 의무도 있다. 먼저 기업의 부를 적정화하여 경영을 안정화하며, 사회와 이해관계자들에 대해서는 윤리적인 경영을 실천하여야 한다.

공급자들과 유통망 그리고 구매자들과는 건전한 거래관계를 유지해야 하며, 근로자들의 안전 등 작업환경 개선에도 최선을 다해야 한다. 기업 외부인 사회적으로는 환경오염, 제품의 안전 기준, 위생 기준, 법률과 규칙 등을 준수하여 사회적 비용이 발생하지 않도록 해야 하며, 소비자 욕구 등을 측정하여 지속적인 고객관리를 바탕으로 기업이 성장할 수 있도록 해야 할 의무가 있다.

재무담당자들이 가져야하는 가장 중요한 일 중 하나는 과거의 단기적 시야에서 비롯된 이익극대화 및 비윤리적인 무리한 성장경영방식에서 벗어나 기업본연의 분야에 연구투자하고 상대적으로 미약한 서민분야에 진출하지 않으며 항상 다음 세 분야의 지속가능성sustainability을 중요시하는 경영정책을 세우고 실천해야 한다.

1) 환경분야
기업의 국내외 투자시 생산성에만 몰두하여 자연환경요소를 파괴하거나 탄소배출량을 증대시키지 않아야 한다. 자연을 지배한다는 생각보다 자연이 존재함으로써 사람이나 기업이 지속될 수 있다는 생각을 가져야 한다.

2) 사회분야
기업은 사회를 떠나서 생존할 수 없으므로 가까운 지역사회 및 이해관계자 집단들의 상황이나 어려운 점을 항상 고려하고 이해하여야 한다. 위기에 처한 기업들의 존폐여부는 항상 사회의 이해관계자들에게 달려 있다.

3) 재무분야

거래관계에서는 무리한 수익극대화보다 모두 적절하게 부를 나누어가지고 장기적으로도 상생해야 한다는 의무와 책임을 가져야 한다. 이를 위해서는 최저가격을 지향하기보다는 공급자들의 원가구조를 연구하고, 현지의 상황을 고려하는 공정거래 및 공정무역fair trade을 공부하고 실천해야 한다.

"美금융시스템 바꿔라" 시민 700명 월가서 시위

세계 금융의 심장 월가에서 민주주의를 요구하는 시위가 일어났다.

뉴욕타임스(NYT) 등 외신은 17일(현지시간) 시위대 700여명이 뉴욕 맨해튼의 월가에서 "월가의 탐욕, 이제 충분하다" 등의 구호를 외치며 시위했다고 보도했다. 시위대는 월가 중심부에 있는 뉴욕증권거래소를 향해 행진했는데 NYT는 '부자와 힘있는 사람에게 호의적인 금융시스템에 분노를 표현했다'고 이번 시위를 평가했다.

시위대는 '평범한 99%인 우리들은 더 이상 1%의 탐욕과 부패를 견딜 수 없다'며 현재의 금융 시스템을 바꾸라고 성명에서 주장했다. 오하이오 주 콜럼버스에서 온 요리사 미카 챔버레인(23)은 "한쪽에는 수백만 명에 일자리 없이 어렵게 지내는데 다른 한쪽에는 나머지 사람이 99%의 돈을 쥐고 있다"며 "소수의 금융자본이 경제를 지배하는 금융과두제를 끝내야 한다"고 주장했다. 시위에 참가한 빌 스테어트(68)는 "월가가 미국의 공익을 해치고 있으므로 월가를 폐쇄해야 한다"고 소리쳤으며 대학생 줄리아 리버 히트(22)는 "월가는 탐욕의 그라운드제로(시작점)"라고 쓴 소리를 했다.

이번 시위는 1989년 캐나다 밴쿠버에서 설립된 문화운동 네트워크 애드버스터즈가 7월 트위터 등을 통해 "월가를 한 달 동안 점령하자"고 제안하고 2만여명이 동참 의사를 밝히면서 시작됐다. 시위는 이집트 민주화 운동의 도화선이 된 카이로 타히르 광장의 노숙 시위를 따라 하기로 했다. 애드버스터즈의 공동 창설자 카렐 라슨은 "금융엘리트에 대한 사람들의 뿌리 깊은 불신과 분노를 보여주기 위한 시위"라며 "세계 경제 시스템을 정의로운 방향으로 바꾸자는 뜻에서 월가를 시위 장소로 택했다"고 CNN에 말했다.

시위 참가자의 상당수는 이 일대에서 노숙 투쟁을 하기로 하고 침낭을 준비했으나 경찰의 원천봉쇄로 뜻을 이루지 못했다. 대신 15~20명씩 모여 음식을 나눠 먹으며 거리 토론을 하기도 했다.

〈한국일보 2011. 09. 18.〉

월가를 점령하라 Occupy Wall Street

　이 사진은 2011년 9월 17일 미국 월스트리트Wall Street에서 시작된 시위의 첫 포스터이다. 현재에도 지속되고 있는 시위대의 목적과 특성은 다음과 같다 (Adbusters poster for the first protest, September 17, 2011. - ongoing).

1. 부의 불평등 Wealth inequality
2. 정부에 대한 기업의 영향력 Corporate influence of government
3. 대중의 주장 Populism
4. 사회적 민주주의 지향, 그 중에서도 특히. (in support of) Social Democracy, inter alia.
   - 비폭력시위 Non violent protest
   - 시민불복종운동 Civil disobedience
   - 점거 Occupation
   - 피켓팅 Picketing
   - 시위 Demonstrations
   - 인터넷행동 Internet activism

1. 애드버스터스3)에 대해 상세하게 탐구해 보자.

2. 확산된 이들의 최근 시위상황을 찾아보고, 사회의 반응을 살펴 보자.

3. 이러한 운동에 대한 당신의 의견을 정리해 보자.

---

3) The Adbusters Media Foundation is a Canadian-based not-for-profit, anti-consumerist, pro-environment[1] organization founded in 1989 by Kalle Lasn and Bill Schmalz in Vancouver, British Columbia. Adbusters describes itself as "a global network of artists, activists, writers, pranksters, students, educators and entrepreneurs who want to advance the new social activist movement of the information age." 〈Wikipedia〉

애드버스터스의 홈페이지는 다음과 같다. http://www.adbusters.org/

2.

재무에서의 불확실성: 위험과 수익

1. 위험과 불확실성

우리가 일상생활에서 사용하는 '위험하다' 라는 말의 구체적인 의미는 무엇일까? 아마도 어떤 정신적, 물질적 손실을 입을 가능성이 있다는 의미일 것이다. 이는 내가 추구하는 이익을 위해 선택한 어떤 행위로부터 발생되는 결과 중 원하지 않는 부정적인 부분을 의미하기도 한다.

위험risk[4]은 항상 확률을 동반하는 미래에서 발생한다. 이 문장에서 확률과 미래에는 두 가지 뜻이 포함되어 있는데, 위험은 이미 발생한 과거의 일이 아니라 불확실한 미래의 일이다.

---

[4] Risk is the potential that a chosen action or activity (including the choice of inaction) will lead to a loss (an undesirable outcome). The notion implies that a choice having an influence on the outcome exists (or existed). Potential losses themselves may also be called "risks". Almost any human endeavor carries some risk, but some are much more risky than others. 〈출처: Wikipedia〉

불확실성uncertainty과 위험risk은 명확하게 구별되는데, 전자는 미래의 예측할 수 없는 일들을 의미하고, 후자인 위험은 불확실성 중에서 100% 미만의 확률로 측정가능한 부분을 의미한다.

100% 확률의 위험이 존재할 수 없고, 모든 위험은 100% 미만의 확률을 가지는 의미를 쉽게 설명하면 미래의 불확실성과 관련이 있다. 100% 확률이란 불확실성이 아니라 확실한 사건이 되기 때문이다. 가령 로또의 당첨 확률이 0%이거나 혹은 100%이면 아무도 사지 않거나 복권으로서의 의미가 없게 된다. 따라서 위험은 0을 제외한 0이상부터 100% 미만인 확률을 가지게 되는 것이다.

2. 재무에서의 위험의 종류 (가나다순)

가계대출위험mortgage risk 주로 부동산 등을 구입하면서 받은 대출에 대하여 계약대로 원금과 이자를 적시에 갚지 못할 때 발생하는 위험을 말한다. 가령 이자율이 상승하면 변동이자률로 계약한 대출자들의 변제불능이 증가하고, 그 수가 많을 경우 국가전체의 위험과도 직결된다.

거래자위험counterparty risk 거래상대자가 협상의 내용을 지키지 않거나 지킬 수 없게 되는 위험이다. 이러한 위험은 상시 발생할 수 있지만 신용도가 높은 상대와 거래하거나 위험을 수용하는 중개인이나 기관이 존재할 경우 위험도는 낮아진다.

경제적위험economic risk 경제적위험은 일반적 의미로 투자가 충분한 수익을 거두지 못할 위험을 뜻한다. 가령 어떤 프로젝트에 투자하기 위해 자금을 조달받았는데 그 프로젝트에서 발생한 수익이 운영비용이나 부채를 상환하기에 부족하게 되는 위험이다.

구매력변동위험purchasing-power risk 주로 물가상승률위험과 관련성이 높지만 일반적으로 제품이나 서비스를 구매할 수 있는 양이나 질에 대한 화폐의 가치를 의미한다. 물가와 관련성이 거의 없는 개별주식에 대한 구매력 변동을 의미하기도 한다. 예를 들면 특정주식가격의 하락은 그 주식에 대한 보유현금의 구매력을 증가시킨다.

국가위험country risk 어떤 국가의 정치적 상황이나 경제적 어려움으로 인해 그 국가의 채권이 지급불능이 되거나 주식가격이 하락하는 위험을 의미한다. 이러한 위험은 국가신용도의 평가항목을 점검하거나 전문가들의 다양한 예측으로 위험을 낮출 수도 있다.

기업위험business risk 기업들 공통의 위험이 아니라 개별기업이 독특하게 가지고 있는 경영환경 요소들 중 위험과 관련이 있는 부분을 의미한다. 쉬운 예로 한국롯데의 맥주시장진출은 기존 두 맥주회사에게는 큰 위험이 될 수 있고, 이러한 위험들은 주로 경쟁력이 약한 개별기업의 주가에 영향을 끼치게 된다.

기회위험opportunity risk 되돌릴 수 없는 의사결정 후에 니디날 수 있는 더 좋은 조건의 기회를 의미한다. 경쟁자가 이 조건을 차지할 경우 당사자는 상대적인 수익에 대한 경쟁력 약화로 위험해질 수 있기 때문이다.

물가상승위험inflation risk 물가상승으로 인해 보유하고 있는 자산이나 소득의 가치가 줄어드는 위험을 뜻한다. 상품가격의 상승은 상대적으로 화폐의 구매력을 그 만큼 낮추기 때문이다. 특히 개도국이나 저개발국가에 대한 투자는 현지국의 높은 물가상승률로 인해 급격한 구매력 저하의 위험이 발생할 수도 있다.

보험통계위험actuarial risk 보험회사가 보험가입자로부터 보험료를 받으면서 발생하는 미래의 보상의무 중 보상금액의 변동성을 의미한다. 가령 어떤 해에 예상하지 못했던 사고가 많이 발생하게 되면 지급해야 할 보험금이 과도하게 많아지는 경우이다.

비체계적위험unsystematic risk 전체시장의 변동성에 대비하여 개별주식의 특정환경에 의한 가격변동성을 뜻한다. 이러한 위험은 이론적으로는 다각화를 통한 분산투자로 줄일 수 있다.

선지급위험prepayment risk 예를 들면 가계대출자가 이자률이 하락할 때 재대출을 통해 대출금을 모두 상환할 수 있는 가능성을 의미한다. 이 때 대여자의 이자소득이 줄어들게 된다.

소득위험income risk 소득위험은 이자률의 변동에 따라 지급받는 이자금액이 변동하는 위험이다.

시장위험market risk 기업의 자산이나 부채전반에 영향을 끼치는 위험이다. 이는 한 국가나 여러 국가의 경제상황이 변화하거나 돌발 상황으로 경제의 많은 부분에 일정기간 영향을 주게 되는 위험이다. 시장위험은 자산을 분산하거나 재분배함으로써 어느 정도 대처할 수도 있지만, 분산투자로도 회피할 수 없는 시장위험은 체계적위험systematic risk이라고 한다.

신용위험credit risk 신용위험은 채무자가 채권자에게 약정한 원리금을 지정일에 지급하지 못하게 되는 위험이다. 신용위험은 채권을 발행한 주체에 따라 달라지는데 일반적으로 국가나 지방정부, 기업, 개인 순으로 갈수록 위험도가 높아진다. 예외로 특정 기업의 신용도가 특정 국가보다 높거나, 열악한 지방정부는 기업보다 신용도가 낮은 사례도 종종 발생한다.

원금손실위험principal risk 파산이나 지급불능상태로 인해 투자된 원금이 줄어들거나 전손되는 위험을 뜻한다. 이러한 위험은 무위험자산을 제외한 투자나 펀드 등 모든 투자처나 금융상품에서 나타날 수 있다.

유동성위험liquidity risk 재무에서 유동성위험은 크게 두 가지로 나눌 수 있는데, 첫째 보유자산을 쉽게 현금화할 수 없는 위험을 의미한다. 이는 신용도가 높은 기업의 주식처럼 시장에서 활발한 매매를 통하여 현금화할 수 있는 반면 구매자가 부족한 자산은 유동성 위험이 있다고 말한다. 둘째, 기업의 현금흐름관리면에서 자산이 충분함에도 불구하고 채권의 만기나 비용지급에 대처하기에 부족한 현금을 보유하는 경우이다. 기업이 투자수익 증대를 목적으로 현금을 모두 투자하고, 빠른 시간 내에 현금화할 수 없을 경우 유동성위험에 빠지게 된다.

이벤트위험event risk 어떤 일로 인해 기업이 발행한 채권의 등급이 하락하는 위험이다. 예를 들면 채권을 발행한 기업이 추가적으로 새로운 채권을 발행하는 일이 발생한다면 그 기업의 부채가 증가하므로 신용도가 낮아지게 된다. 따라서 그 기업이 발행하는 전체 채권의 등급이 낮아져서 기업은 더 높은 이자율을 지급해야하는 상황이 되는 위험이다. 신주를 발행하는 경우에도 마찬가지 위험이 발생한다.

재고위험inventory risk 기업이 보유하는 재고와 관련된 위험으로 재고가격의 변동, 부식이나 부패, 도난 등의 위험을 말한다.

청구위험call risk 기업의 현금흐름 및 유동성과 관련된 위험으로 채권자가 채권의 만기일 이전에 채권의 지급을 요구하는 위험이다. 이는 주로 만기이전청구가능채권Callable bonds에서 많이 발생하는데 채권을 발행한 기업도 더 낮은 이자를 지불하기 위해 채권자로부터 기존채권을 회수하고 새로운 채권을 발행할 수 있다. 그리고 은행의 경우 예치기간이 정해진 정기예금가입자가 만기일 전에 원리금의 지불을 요구할 경우 이에 대비하여 현금을 확보해야 한다는 의미이다.

통화위험currency risk 기업의 해외투자나 경영에 있어서 환율에 의하여 그 가치가 변동하는 것을 의미한다. 해외투자시 본국화폐home currency를 현지국화폐local currency로 교환하여야 하는데 이 때 그 날의 환율에 따라 변동되는 화폐량이다. 현지국의 화폐가 평가절상되어 적은 금액을 받거나,

반대로 평가절하되어 예상보다 더 많은 현지국 통화를 받더라도 모두 위험으로 간주한다. 투자금의 회수시 본국통화로의 교환에도 같은 위험이 발생한다. 통화위험은 **환위험**exchange risk과 같은 의미로 쓰인다.

3. 위험과 수익의 상관성

앞에서 재무에서의 다양한 위험을 소개하였다. 그러면 재무담당자들이나 투자가들은 왜 무위험에 가까운 국채 등에 투자하지 않고 다른 곳에 투자하는 것일까?

개인들의 경우에도 여유자금을 비교적 안전한 정기예금에 예치하는 사람들이 있는 반면 변동성이 많은 주식에 투자하거나 경마나 승산확률이 거의 없는 복권 등에 투자하는 것일까?

재무이론에서는 이러한 행동차이를 투자가들의 개인성향에 기인하는 것으로 보는 시각이 있다. 즉, 위험선호자risk-lover, 위험회피자risk-avoider, 위험중립자risk-neutral person/firm으로 나누어 그들의 투자행위를 설명하기도 한다.

하지만 위험을 선호하는 성향으로 해석하기보다는 투자가가 처한 환경의 영향이 더욱 더 크다고 할 수 있다. 고정적인 매출과 현금보유가 많은 기업들은 굳이 손실의 위험을 무릅쓰고 고위험투자처에 투자할 필요가 없게 되는 것과 마찬가지이다.

기업이나 개인이 고위험 재무분야에 투자하는 이유는 대부분 성장목적을 그 배경으로 가지고 있다. 위험과 수익은 거의 항상 같은 방향으로 움직인다. 간혹 시장의 불완전성으로 보다 같은 위험에 상대적으로 높은 수익을 제공하는 시장이 발생하기도 하지만 투자가들의 재빠른 개입으로 순간적으로 사라지는 것이 일반적이다.

그리고 경마나 복권처럼 투자원금손실 확률이 높으면 그 보상가격도 높지만 보상받을 확률은 매우 낮다. 따라서 보상받을 확률이 매우 낮기 때문에 확률로 계산되는 기대수익 또한 매우 낮다. 이와 비교하여 국가나 지방정부 그리고 신용도도 높은 기업 등에서 발행하는 채권은 안정되고 원금이 보장되는 투자이므로 상대적으로 기대되는 수익률도 비교적 낮은 것으로 보인다. 이들 채권발행자들은 자신들의 신용도나 안정성을 내세워 높은 이자율을 지불하지 않아도 되기 때문이다. 하지만 이론적으로나 실질적으로 수익확률로 계산하면 고위험투자나 저위험투자의 수익률은 유사하거나, 완전경쟁시장환경에서는 같다고 할 수 있다.

4. 자본자산가격결정모형[5]

투자가들이 투자대안들을 고려할 때 위험과 수익을 측정하는 일은 기본적인 의무이다. 위험의 측정은 미래의 변동성을 예측하는 일이며, 수익의 측정은 예상수익과 그 실현확률을 고려하여 산출되는 기대수익이나 현금흐름을 의미한다.

위험을 측정하는 일은 매우 어렵다. 여러 시장변수들을 고려해야 하기도 하지만 미래의 불확실한 영역이기 때문이다. 하지만, 확률이론에 관한 지식 등 수학적 위험과 분산투자에 의한 수익과 위험 등을 고려한다면 의미 있는 모형이 만들어지기도 한다. 학자들은 위험을 측정하기 위해 많은 연구모형들을 제시하였는데, 그 중 하나가 자본자산가격결정모형CAPM이다.

CAPM모형은 프로젝트의 기대수익에 대한 기대되는 분산불능위험과 연

---

5) Capital Asset Pricing Model (CAPM) sophisticate model of the relationship between expected risk and ecpected return. the model is grounded in the theory that investors demand higher returns for higher risks. It says that the return on an asset or a security is equal to the risk-free return (such as the return on a short-term Treasury security) plus a risk premium.

관이 있다. 따라서 자본시장선Capital Market Line, CML과 증권시장선 Security Market Line, SML을 설명할 수 있는 모형이다. 또한 이 모형은 증권분석에 쉽게 적용되는 장점뿐만 아니라 기업 등의 투자와 자산의 수익과 위험을 측정하는데도 사용된다.

CAPM 모형은 위험을 분산가능한 위험과 분산불가능한 위험으로 나누는데서 출발한다. 그리고 개별주식의 수익은 시장수익과 밀접한 연관이 있음을 전제로 한다. 그리고 개별주식이나 시장이나 모두 수익은 자본증가와 배당을 포함한다.

증권시장은 모든 정보를 신속하게 반영한다는 점에서 매우 효율적인 수단으로 평가되어 왔다. 그러므로 시장의 변동성은 개별자산이나 증권의 위험 정도를 평가하는 기준인 분모denominator로 설명할 수 있다. 이 위험의 정도는 시장수익에 대하여 주식수익이 얼마나 민감한가를 파악함으로써 결정된다.

이러한 방법으로 시장이라는 지수에 대하여 개별주식의 민감성을 측정하는 지수를 만들 수 있다. 만약 시장의 수익보다 개별주식 수익의 변동이 커면, 이 주식은 시장보다 위험하다고 할 수 있고, 시장수익보다 변동이 적으면 시장보다 덜 위험한 주식이라고 할 수 있다. 그래서 단순하게 시장지수와 연계하여 여러 주식의 위험을 분류할 수 있다.

CAPM은 앞에서 설명하는 것보다 훨씬 복잡한 접근방법을 사용하지만 기본 개념은 비슷하다. CAPM의 사전적ex ante 모형과 사후적ex post 모형은 다음과 같다.

$R_{jt} = \alpha_j + \beta_j R_{Mt} + e_{jt}$ (ex ante)

$(R_{Pt} - R_{ft}) = \alpha_p + \beta_p (R_{Mt} - R_{ft}) + e_{Pt}$

R_{Pt} = t 시점에서의 포트폴리오 P의 수익률

R_{ft} = t 시점에서의 무위험 자산의 수익률

R_{Mt} = t 시점에서의 시장 포트폴리오의 수익률

α_p, β_p = 각각 회귀계수

e_{Pt} = 오차항

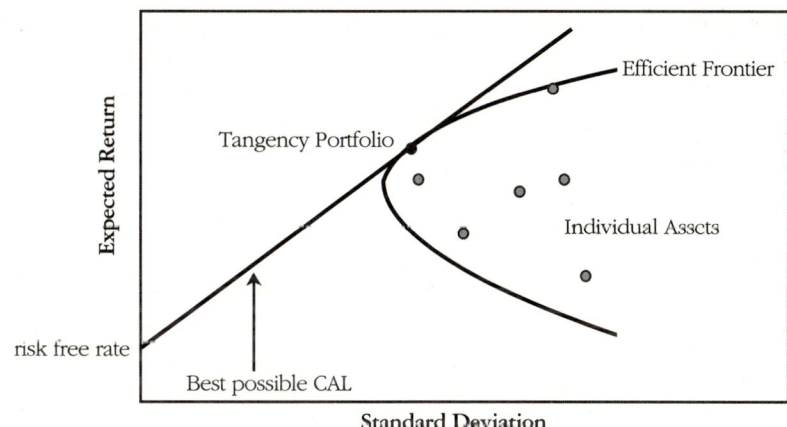

5. 자본자산가격결정모형가정 CAPM Assumptions

1. 모든 투자자들은 경제적 효용을 극대화한다.

   Aim to maximize economic utilities.

2. 모든 투자자들은 이성적이며 따라서 위험회피적이다.

   Are rational and risk-averse.

3. 모든 투자자들은 투자를 다각화한다.

   Are broadly diversified across a range of investments.

4. 모든 투자자들은 시장가격에 순종하며 영향을 끼치지 않는다.

   Are price takers, i.e., they cannot influence prices.

5. 모든 투자자들은 무위험이자률로 무제한의 자금을 빌리거나 빌려줄 수 있다. *Can lend and borrow unlimited amounts under the risk free rate of interest.*

6. 모든 투자자들은 거래비용이나 세금없이 거래한다.

   Trade without transaction or taxation costs.

7. 모든 투자자들이 거래하는 유가증권은 지극히 작은 분량으로도 나눌 수 있다. *Deal with securities that are all highly divisible into small parcels.*

8. 모든 정보가 동시에 모든 투자자들에게 전달된다고 가정한다.

   Assume all information is available at the same time to all investors.

   게다가 케프엠모형은 과거수익의 표준편차가 투자된 유가증권의 미래위험기준이 되는 것으로 가정한다.

   Further, the model assumes that standard deviation of past returns is a perfect proxy for the future risk associated with a given security.

〈예〉 시장에 대한 개별주식의 민감도 계산

과거 5년간 India Bombay Stock Exchange의 수익 변동성이 연평균 6% 이라고 가정하자. 그리고 개별 주식 A, B, C 수익의 표준편차가 각각 3%, 6%, 9%일 때 민감성 지수인 베타(β)[6]를 구해 보자.

$$\frac{volatitility\ of\ stock\ returns(\sigma_s)}{volatility\ of\ market\ returns(\sigma_m)} = sensitivity(\beta)$$

주식 A의 베타(β): .03 / .06 = 0.50

주식 B의 베타(β): .06 / .06 = 1.00

주식 C의 베타(β): .09 / .06 = 1.50

실명: 주식 A는 베타값이 0.50으로 시장의 변동기준 1에 비해 1/2이다. 재무에서는 변동성을 위험으로 간주하므로 시장평균보다 안정된 주식이라고 할 수 있다. 주식 B는 베타(β)값이 1이므로 시장의 변동성 즉, 위험과 같고, 주식 C는 시장 평균보다 높은 변동성을 보이고 있다. 따라서 위험을 선호하는 투자자라면 주식 A보다 C에 투자하게 될 것이다.

---

6) The formula for the beta of an asset within a portfolio is

$$\beta_a = \frac{\text{Cov}(r_a,\ r_p)}{\text{Var}(r_p)},$$

where r_a measures the rate of return of the asset, r_p measures the rate of return of the portfolio, and $cov(r_a,\ r_p)$ is the covariance between the rates of return. The portfolio of interest in the CAPM formulation is the market portfolio that contains all risky assets, and so the r_p terms in the formula are replaced by r_m, the rate of return of the market.

Beta is also referred to as **financial elasticity** or correlated relative volatility, and can be referred to as a measure of the sensitivity of the asset's returns to market returns, its non-diversifiable risk, its systematic risk, or market risk. On an individual asset level, measuring beta can give clues to volatility and liquidity in the marketplace. In fund management, measuring beta is thought to separate a manager's skill from his or her willingness to take risk.

6. 자본자산가격결정모형을 이용한 적정수익률

자본자산에 대한 가격을 구하는 모형에서 적정수익률은 투자의 위험도에 따라 결정된다. 여기서 투자 위험도는 시장대비 변동성을 나타내는 민감지수 베타(β)와 시장수익률(K_m)을 기초로 한다. 그러므로 다음 식을 이용하여 아래 예의 자본자산 적정수익률을 계산하였다.

$$K_e = R_f + \beta(K_m - R_f)$$

K_e = 적정(요구)수익률
R_f = 무위험 수익률
β = 베타지수 (시장변동 대비 개별변동)
K_m = 시장 포트포리오의 수익률

〈예〉 아시아나항공의 베타지수는 1.2이고, 시장 무위험 투자자산에 대한 수익률은 3% 그리고 해당시장 전체의 평균수익률은 5%일 때, 아시아나항공의 적정 수익률을 계산하면 다음과 같다.

$$K_e = 3\% + 1.2(5\% - 3\%) = 5.40\%$$

$$K_e = K_{rf} + \beta \left(K_m - K_{rf} \right)$$

$$\left[\begin{array}{l} K_e = \text{cost of equity} \\ K_m = \text{market return} \\ K_{rf} = \text{risk free rate of return} \\ \beta = \text{volatility measure} \end{array} \right]$$

위험: 게임의 법칙 Risk: The Rules of the Game

다음은 인플레이션 위험과 관련된 비즈니스위크Business Week 기사에서 발췌한 내용이다.

The path to financial reward is strewn with unavoidable risks. Investors must first understand the nature of risk in order to control it in their portfolios. Even someone who keeps his life savings under a mattress is susceptible to hazards; the cash could be stolen or, if it's not, inflation may erode its value.

But inflation is just one of the major types of risks investors face. There are others lurking as well: interest rate risk, event risk, and currency risk. Just how can they take a bite out of your assets? Let's take a look.

Inflation risk refers to the tendency of currency to lose value over time. In the U.S., $1 buys less than it did five years ago. A first-class postage stamp in 2000 cost 33 cents; now it costs 37 cents to mail a Mother's Day card. And it's not just stamps.

The U.S. government says a basket of goods that cost $100 in 1970 cost $447 by 2000. So, to maintain the lifestyle you have today, you will probably need to spend more money in the future. Stocks have been the asset class that best outpaces inflation over long periods and best maintains purchasing power.

Over short periods, however, stocks and other asset classes can be volatile. In many cases, the volatility comes down to event risk. Sometimes an event is a geopolitical occurrence that affects the entire market, like September 11's terrorist attacks.

〈Beth Piskora, Business Week, 2005.05.05〉

1. 기사를 읽고 재무와 투자에서 위험이 무엇을 뜻하는지 쉽게 정의
하여 보자.

2. 기사에서 한 꾸러미의 상품이 1970년에 $100이었는데, 2000년에는
$447을 지불해야 같은 꾸러미의 상품을 구매할 수 있게 되었다면,
연평균 물가상승률을 계산하여 보자. (단, 3장의 현재가와 미래가를
학습한 후에)

3.

현재가와 미래가

1. 재무에서 오늘과 내일의 차이

금융상품의 가치를 계산하거나 미래에 발생하는 투자수익률을 계산하는데 있어서 현재가와 미래가는 기초적이고 중요한 개념이다.

일반적인 현재가와 미래가의 개념을 쉽게 설명하여 보자. 지금 내주머니에 있는 100,000원을 현재가라 한다. 그리고 이 돈을 친구에게 빌려주고 내일 받기로 하였다면 받게 될 그 돈 100,000원을 미래가라고 한다.

즉, 오늘의 100,000원은 현재가이고, 내일의 100,000원은 미래가이다. 그러면 오늘의 100,000원과 내일의 100,000원은 같은가?

현실적으로 오늘 친구에게 빌려주고 또한 내일은 가까운 시간이므로, 큰 차이를 느낄 수 없을 수도 있다. 하지만 금액이 더 커지거나 시간간격이 멀어지면 현실적으로나 이론적으로나 여러 차이가 있다.

이러한 시간의 차이에 따른 돈의 가치Time value of money[7] 증감을 계산하는 현재가present value, pv와 미래가future value, fv의 개념은 대체로 다음 네 가지 요소로 설명할 수 있다.

1) 위험

다음날 친구가 돈이 없어 받을 수 없다면, 혹은 받을 확률이 10% 정도라면, 혹은 돈이 없으니 반만 받으라고 한다면.

이러한 대부나 투자의 위험risk은 미래에 대한 불확실성에서 발생한다. 아무도 오늘 누구에게 빌려준 돈을 확실하게 받을 것으로 장담하거나 예측할 수는 없다.

자금을 빌려준 채권자의 위험이나 프로젝트에 투자한 투자자의 위험은 채무자의 신용도나 시장환경 등의 여건변화에 따라 높아지거나 낮아진다. 그리고 회수기간이 길어질수록 위험이 높아지는 것이 일반적이다. 비록 현재에는 재무상태가 양호한 기업이라 하더라도 먼 훗날까지 건전하리라는 보장은 아무도 할 수가 없다.

이러한 채권의 위험을 최소화할 수 있는 재무적 방법은 여러 가지가 있지만, 그 중 한 가지 예를 들면 돈을 받을 권리인 채권을 현재의 위험만큼 할인하여 다른 사람에게 양도하는 것이다.

앞의 예에서 친구에게서 받을 확률이 10%이면 내가 빌려준 100,000원의

---

7) **Time value of money** price put on the time an investor has to wait until an investment matures, as determined by calculating the present value of the investment at maturity. Time value of money concepts are the basic tools for evaluating capital investments. These concepts are also useful for dealing with a wide variety of business and personal financial decisions. The basis for all time value analysis is the concept of compound growth, which is captured in the formula for the future value of a single payment.

미래가치는 만원이 된다(100,000×10%). 또한 이것이 채권의 형태로 발행되었다면, 다른 사람에게 양도할 수(팔 수) 있는 금액은 만 원 정도이다.

위험은 시장 어느 곳에서나 존재한다. 국채 등 무위험 채권으로 간주되고 무위험수익률을 지급하는 채권이 아닌 다른 투자처나 금융상품의 경우 미래가격을 보장할 수 없다. 보장받을 수 없을 만큼의 금액이 위험으로 간주된다.

또한 오늘 매입한 주식의 가격은 크게 상승하거나 하락할 수 있다. 매입주식가격이 하락하는 경우에는 당연한 위험으로 간주하겠지만, 상승하는 경우에도 재무에서는 위험으로 간주한다. 왜냐하면 위험은 변동성 즉, 변동폭을 의미하기 때문이다. 하락과 상승폭이 커질수록 변동성이 크며 이는 전부 위험으로 받아들여진다.

2) 유동성

유동성liquidity[8]이란 뜻은 여러 가지가 있으나 재무에서는 자산의 현금전환성, 현금으로의 접근성 그리고 사용할 수 있는 유용성을 의미한다.

시장이 유동성이 있다는 의미는 거래되는 상품이 가격에 거의 영향을 끼치지 않고 수요와 공급을 충족시킬 수 있는 시장을 뜻한다. 재무적 측면에서 기업이나 기관이 유동성이 있다는 의미는 현금을 보유하고 있거나. 만들 수 있거나 혹은 빌려와 현금수요를 충족시킬 수 있음을 의미한다.

한 기업이 다른 기업보다 현금보유량이 많다고 항상 상대적인 유동성이

---

8) The term **liquidity** is used in various ways, all relating to availability of, access to, or convertibility into cash. An institution is said to have liquidity if it can easily meet its needs for cash either because it has cash on hand or can otherwise raise or borrow cash. A market is said to be liquid if the instruments it trades can easily be bought or sold in quantity with little impact on market prices. 〈www.riskglossary.com〉

높은 것이라 할 수는 없다. 현금보유량이 적더라도 단기부채가 적거나, 빌려 쓸 수 있는 금액을 정하는 신용등급이 높거나, 쉽게 거래되는 고정자산이나 유동자산을 보유하는 기업은 유동성이 높다고 할 수 있다.

그리고 현금수요가 있을 때 최소한의 거래비용으로 손쉽게 현금화하여 조달할 수 있는 재산을 유동성이 높은 자산이라고 한다. 특히 현금흐름에서 채무가 다양한 기업의 경우 유동성 관리를 중요시하지 않으면 도산으로 이어질 수도 있다. 그런데 유동성이 높은 자산일수록 반대로 투자 수익성은 낮아지는 것이 일반적이므로 재무담당자들이 고민해야 하는 부분이다.

앞의 예와 같이 오늘 친구에게 100,000원을 빌려준 경우 구매하고 싶은 상품이 있더라도 받을 때까지는 그 돈을 사용할 수가 없게 된다. 즉 오늘의 100,000원은 지금 사용할 수 있지만, 내일 받을 100,000원은 내일이 되어야 사용이 가능하므로 유동성이 없거나 낮다고 표현한다.

3) 이자

이자interest[9]는 돈을 빌려온 사람이 빌려준 사람에게 지급하는 사용료로 현대사회에서의 이자는 금융기관의 성장과 자금의 유동성, 시장의 불완전성, 거래대상의 불확실성, 투자상품의 다양성에 따라 이전보다 많은 의미를 내포하고 있다. 그리고 계산방법에 있어서도 금융기관과 상품에 따라 다양하게 적용되고 있다.[10]

이자율interest rate은 이자를 원금으로 나눈 값으로 보통 %로 표현되고,

---

9) The fee charged by a lender to a borrower for the use of borrowed money, usually expressed as an annual percentage of the principal; the rate is dependent upon the time value of money, the credit risk of the borrower, and the inflation rate. Here, interest per year divided by principal amount, expressed as a percentage. also called interest rate. 〈www.investorwords.com〉

10) 신상헌, 『이자계산방법론』, 삼우사 1998.

별다른 설명이 없는 한 항상 연이자율 기준이다.

이자는 돈의 사용에 대한 혜택이나 대가의 의미로 지불하거나 받는 비용이다. 오늘 100,000원을 은행에 예금해서 내일 찾으면 원금 100,000원과 약간의 이자를 받게 된다. 이 금액은 내일 받게 되는 100,000원 보다 이자만큼 가치가 있다. 또한 이자율이 높을수록 이자금액이 커지므로 오늘의 100,000원이 더 가치가 있다고 할 수 있다.

4) 물가상승률

물가상승률inflation[11]은 다음과 같이 현재가격과 미래가격간의 가격차이를 계산하여 나타내는 지표이다. 5,000원하던 자장면이 6,000원으로 인상되었다면 물가상승률은 20%이다.

$$물가상승률 = \frac{미래가격 - 현재가격}{현재가격} = \frac{6,000원 - 5,000원}{5,000원} = 20\%$$

반면 6,000원하던 자장면이 5,000원으로 하락하였다면 물가상승률은 −16.67%이다.

$$물가상승률 = \frac{미래가격 - 현재가격}{현재가격} = \frac{5,000원 - 6,000원}{6,000원} = -16.67\%$$

이와 같이 물가가 하락하는 일도 종종 있겠지만 대체로 장기적으로는 시간이 지남에 따라 상승하는 것이 지난 추세이다.

필요한 프린트가 오늘 100,000원이라고 하자. 그리고 내일 110,000원으

---

11) **Inflation** is a rise in the general level of prices of goods and services in an economy over a period of time. Inflation also reflects an erosion in the purchasing power of money - a loss of real value in the internal medium of exchange and unit of account in the economy. A chief measure of price inflation is the inflation rate, the annualized percentage change in a general price index (normally the Consumer Price Index) over time.

로 인상되었다고 가정하자.

오늘 친구에게 100,000원을 빌려주지 않았다면 무리없이 프린트를 살 수 있다. 하지만 내일은 10,000원을 더 마련해야 한다. 따라서 프린트만 두고 보았을 때 내일의 100,000원은 10,000원이 더 있어야 오늘의 100,000원과 가치가 같다. 따라서 물가상승률이 10%이므로 다음 식에 의해서 내일 받게 될 100,000원의 가치는 오늘의 90,909원과 같다.

$$\frac{100,000원}{1 + 10\%} = 90,909원$$

2. 현가와 종가 개념

장 첫 부분에서 일반적인 현재가와 미래가의 개념을 친구와 100,000원을 예로서 설명하였다. 여기서부터는 현재가와 미래가를 전문용어인 현가와 종가로 사용하며 재무적인 의미를 설명하고자 한다.

재무 및 투자에서 현가present value12)의 의미는 주로 "미래에 발생하는 투자수익들이 현재가로는 얼마인가?"를 계산하는 값이다.

따라서 미래의 한 시점이나 일정기간 동안의 현금흐름을 일정하거나 특정한 개별 이자나 할인률을 적용하여 현재의 가치로 전환한 값을 의미한다. 여러 투자안에서 다양한 현금흐름이 존재할 때 그 미래에 발생하는 현

---

12) **Present Value** The current worth of a future sum of money or stream of cash flows given a specified rate of return. Future cash flows are discounted at the discount rate, and the higher the discount rate, the lower the present value of the future cash flows. Determining the appropriate discount rate is the key to properly valuing future cash flows, whether they be earnings or obligations. 〈www.investopedia.com〉

금흐름을 하나씩 할인하여 현재가격으로 전환하면 그 합을 투자의 현재가라고 부른다. 인플레이션률이나 이자율이 높아서 높은 할인율을 적용할수록 현재가의 크기가 줄어든다.

이에 비해 종가future value[13])는 '끝의 가치'란 의미로 역시 한 시점이나 일정기간 동안의 현금흐름을 이자율이나 할인율을 적용하여 미래 일정시점의 가치로 환산한 값이다. 적용되는 률이 높을수록 미래에서의 값은 커진다.

그리고 현가와 종가는 회계 목적으로 가감할 수 있지만 이론적 재무에서는 합치거나 뺄 수 없다. 즉, 오늘의 100,000원과 내일의 100,000원을 합쳐 200,000원이라고 할 수 없다는 뜻이다. 설명한 여러 이유로 그 돈의 가치가 서로 다르기 때문이다.

3. 현가와 종가 계산

현가와 종가계산은 크게 다섯 가지로 나눌 수 있다. 다음의 단순현가와 종가, 적립현가와 종가 그리고 불규칙 현금흐름의 예를 들어 미래현금흐름의 시간적 가치time value of money를 정리해 보자.

1. 단순종가 Future Value – simple, FVs
2. 단순현가 Present Value – simple, PVs
3. 적립종가 Future Value – annuity, FVa

---

13) **Future value** is the value of an asset at a specific date. It measures the nominal future sum of money that a given sum of money is "worth" at a specified time in the future assuming a certain interest rate, or more generally, rate of return; it is the present value multiplied by the accumulation function. The value does not include corrections for inflation or other factors that affect the true value of money in the future. This is used in time value of money calculations. 〈Wikipedia〉

4. 적립현가 Present Value - annuity, PVa

5. 불규칙종가, 현가 Future & Present Value - Irregular, FVi & PVi

1) 단순종가 Future Value - simple, FVs

단순종가는 다음 식과 같이 현재의 일정금액에 대하여 일정 수익률을 적용하여 미래의 가격으로 변환하는 값이다.

$$FVs = PVs \times (1+\text{이자률})^{\text{기간}}$$

〈예〉 오늘 100만원을 연이률 4.01%의 정기예금에 3년 동안 저축한다면 3년 후 찾게 되는 원리금의 합은 다음과 같다.

$$FVs = 1{,}000{,}000원 \times (1 + 4.01\%)^3 = 1{,}125{,}189원$$

〈예〉 연이자률이 3%에서 6%를 가정할 때, 오늘 태어난 아이가 받은 100,000원을 정기예금에 두면 환갑에는 얼마를 받게 될까 계산해 보자. 단리일 때는 얼마인가? 이자률이 2배이면 종가도 두 배인가?

3%일 때:

$$FVs = 100{,}000원 \times (1 + 3\%)^{60} = 589{,}160원$$

단리일 때는 원금 100,000 + 이자 180,000 (100,000×3%×60) = 280,000원

6%일 때:

$$FVs = 100{,}000원 \times (1 + 6\%)^{60} = 3{,}298{,}769원$$

단리일 때는 원금 100,000 + 이자 360,000 (100,000×6%×60) = 460,000원

단리일 때는 이자가 두 배이다. 3%와 6%의 복리차이는 약 5.6배이다.

<표 3-1> 단순종가표

FVs	1%	2%	3%	4%	5%	6%	7%	8%	9%	10%
1	1.0100	1.0200	1.0300	1.0400	1.0500	1.0600	1.0700	1.0800	1.0900	1.1000
2	1.0201	1.0404	1.0609	1.0816	1.1025	1.1236	1.1449	1.1664	1.1881	1.2100
3	1.0303	1.0612	1.0927	1.1249	1.1576	1.1910	1.2250	1.2597	1.2950	1.3310
4	1.0406	1.0824	1.1255	1.1699	1.2155	1.2625	1.3108	1.3605	1.4116	1.4641
5	1.0510	1.1041	1.1593	1.2167	1.2763	1.3382	1.4026	1.4693	1.5386	1.6105
6	1.0615	1.1262	1.1941	1.2653	1.3401	1.4185	1.5007	1.5869	1.6771	1.7716
7	1.0721	1.1487	1.2299	1.3159	1.4071	1.5036	1.6058	1.7138	1.8280	1.9487
8	1.0829	1.1717	1.2668	1.3686	1.4775	1.5938	1.7182	1.8509	1.9926	2.1436
9	1.0937	1.1951	1.3048	1.4233	1.5513	1.6895	1.8385	1.9990	2.1719	2.3579
10	1.1046	1.2190	1.3439	1.4802	1.6289	1.7908	1.9672	2.1589	2.3674	2.5937
11	1.1157	1.2434	1.3842	1.5395	1.7103	1.8983	2.1049	2.3316	2.5804	2.8531
12	1.1268	1.2682	1.4258	1.6010	1.7959	2.0122	2.2522	2.5182	2.8127	3.1384
13	1.1381	1.2936	1.4685	1.6651	1.8856	2.1329	2.4098	2.7196	3.0658	3.4523
14	1.1495	1.3195	1.5126	1.7317	1.9799	2.2609	2.5785	2.9372	3.3417	3.7975
15	1.1610	1.3459	1.5580	1.8009	2.0789	2.3966	2.7590	3.1722	3.6425	4.1772
16	1.1726	1.3728	1.6047	1.8730	2.1829	2.5404	2.9522	3.4259	3.9703	4.5950
17	1.1843	1.4002	1.6528	1.9479	2.2920	2.6928	3.1588	3.7000	4.3276	5.0545
18	1.1961	1.4282	1.7024	2.0258	2.4066	2.8543	3.3799	3.9960	4.7171	5.5599
19	1.2081	1.4568	1.7535	2.1068	2.5270	3.0256	3.6165	4.3157	5.1417	6.1159
20	1.2202	1.4859	1.8061	2.1911	2.6533	3.2071	3.8697	4.6610	5.6044	6.7275
21	1.2324	1.5157	1.8603	2.2788	2.7860	3.3996	4.1406	5.0338	6.1088	7.4002
22	1.2447	1.5460	1.9161	2.3699	2.9253	3.6035	4.4304	5.4365	6.6586	8.1403
23	1.2572	1.5769	1.9736	2.4647	3.0715	3.8197	4.7405	5.8715	7.2579	8.9543
24	1.2697	1.6084	2.0328	2.5633	3.2251	4.0489	5.0724	6.3412	7.9111	9.8497
25	1.2824	1.6406	2.0938	2.6658	3.3864	4.2919	5.4274	6.8485	8.6231	10.8347
26	1.2953	1.6734	2.1566	2.7725	3.5557	4.5494	5.8074	7.3964	9.3992	11.9182
27	1.3082	1.7069	2.2213	2.8834	3.7335	4.8223	6.2139	7.9881	10.2451	13.1100
28	1.3213	1.7410	2.2879	2.9987	3.9201	5.1117	6.6488	8.6271	11.1671	14.4210
29	1.3345	1.7758	2.3566	3.1187	4.1161	5.4184	7.1143	9.3173	12.1722	15.8631
30	1.3478	1.8114	2.4273	3.2434	4.3219	5.7435	7.6123	10.0627	13.2677	17.4494

2. 단순현가 Present Value – simple, PVs

단순현가는 다음 식과 같이 미래의 일정금액에 대하여 일정 수익률을 적용하여 현재의 가격으로 변환하는 값이다.

$$PVs = \frac{FVs}{(1+\text{이자율})^{\text{기간}}}$$

〈예〉 10년 후 1억원의 현재가격은 연 5%의 이자율과 연 10%의 인플레이션률을 적용하였을 때의 현재값(가치)은 만 단위로 얼마인가 계산하면 각각 6,139만 원과 3,855만 원 정도이다.

$$PVs = \frac{100,000,000}{(1+5\%)^{10}} = 6,139\text{만 원}$$

$$PVs = \frac{100,000,000}{(1+10\%)^{10}} = 3,855\text{만 원}$$

<표 3-2> 단순현가표

PVs	1%	2%	3%	4%	5%	6%	7%	8%	9%	10%
1	0.9901	0.9804	0.9709	0.9615	0.9524	0.9434	0.9346	0.9259	0.9174	0.9091
2	0.9803	0.9612	0.9426	0.9246	0.9070	0.8900	0.8734	0.8573	0.8417	0.8264
3	0.9706	0.9423	0.9151	0.8890	0.8638	0.8396	0.8163	0.7938	0.7722	0.7513
4	0.9610	0.9238	0.8885	0.8548	0.8227	0.7921	0.7629	0.7350	0.7084	0.6830
5	0.9515	0.9057	0.8626	0.8219	0.7835	0.7473	0.7130	0.6806	0.6499	0.6209
6	0.9420	0.8880	0.8375	0.7903	0.7462	0.7050	0.6663	0.6302	0.5963	0.5645
7	0.9327	0.8706	0.8131	0.7599	0.7107	0.6651	0.6227	0.5835	0.5470	0.5132
8	0.9235	0.8535	0.7894	0.7307	0.6768	0.6274	0.5820	0.5403	0.5019	0.4665
9	0.9143	0.8368	0.7664	0.7026	0.6446	0.5919	0.5439	0.5002	0.4604	0.4241
10	0.9053	0.8203	0.7441	0.6756	0.6139	0.5584	0.5083	0.4632	0.4224	0.3855
11	0.8963	0.8043	0.7224	0.6496	0.5847	0.5268	0.4751	0.4289	0.3875	0.3505
12	0.8874	0.7885	0.7014	0.6246	0.5568	0.4970	0.4440	0.3971	0.3555	0.3186
13	0.8787	0.7730	0.6810	0.6006	0.5303	0.4688	0.4150	0.3677	0.3262	0.2897
14	0.8700	0.7579	0.6611	0.5775	0.5051	0.4423	0.3878	0.3405	0.2992	0.2633
15	0.8613	0.7430	0.6419	0.5553	0.4810	0.4173	0.3624	0.3152	0.2745	0.2394
16	0.8528	0.7284	0.6232	0.5339	0.4581	0.3936	0.3387	0.2919	0.2519	0.2176
17	0.8444	0.7142	0.6050	0.5134	0.4363	0.3714	0.3166	0.2703	0.2311	0.1978
18	0.8360	0.7002	0.5874	0.4936	0.4155	0.3503	0.2959	0.2502	0.2120	0.1799
19	0.8277	0.6864	0.5703	0.4746	0.3957	0.3305	0.2765	0.2317	0.1945	0.1635
20	0.8195	0.6730	0.5537	0.4564	0.3769	0.3118	0.2584	0.2145	0.1784	0.1486
21	0.8114	0.6598	0.5375	0.4388	0.3589	0.2942	0.2415	0.1987	0.1637	0.1351
22	0.8034	0.6468	0.5219	0.4220	0.3418	0.2775	0.2257	0.1839	0.1502	0.1228
23	0.7954	0.6342	0.5067	0.4057	0.3256	0.2618	0.2109	0.1703	0.1378	0.1117
24	0.7876	0.6217	0.4919	0.3901	0.3101	0.2470	0.1971	0.1577	0.1264	0.1015
25	0.7798	0.6095	0.4776	0.3751	0.2953	0.2330	0.1842	0.1460	0.1160	0.0923
26	0.7720	0.5976	0.4637	0.3607	0.2812	0.2198	0.1722	0.1352	0.1064	0.0839
27	0.7644	0.5859	0.4502	0.3468	0.2678	0.2074	0.1609	0.1252	0.0976	0.0763
28	0.7568	0.5744	0.4371	0.3335	0.2551	0.1956	0.1504	0.1159	0.0895	0.0693
29	0.7493	0.5631	0.4243	0.3207	0.2429	0.1846	0.1406	0.1073	0.0822	0.0630
30	0.7419	0.5521	0.4120	0.3083	0.2314	0.1741	0.1314	0.0994	0.0754	0.0573

3) 적립종가 Future Value - annuity, FVa

적립종가는 일정기간 동안 일정한 간격으로 일정한 금액의 현금 흐름이 지속적으로 발생할 때, 현금흐름의 총가치를 미래가로 환산한 평가액을 뜻한다.

매년말에 적립하는 경우

$$FVa = 현금흐름액 \frac{(1+이자률)^{기간}-1}{이자률}$$

매년초에 적립하는 경우

$$FVa = 현금흐름액 \frac{(1+이자률)^{기간}-1}{이자률} \times (1 + 이자률)$$

오늘 연초인 1월 1일이다. 앞으로 10년간 매 연말에 1,000원이 들어오는데 이를 연 이자률 7%를 지급해 주는 저축은행에 예금하려고 한다. 그러면 10년 후 받게 되는 원리금은 다음과 같이 계산된다.

$$FVa = 1,000원 \frac{(1 + 7\%)^{10} - 1}{7\%} = 13,816원$$

그런데 위 금액을 정기적금처럼 오늘부터 10년간 10회를 납입한 후 1년을 기다려서 원리금을 찾는다면 조금 더 많은 14,784원이 된다.

$$FVa = 1,000원 \frac{(1 + 7\%)^{10} - 1}{7\%} \times (1 + 7\%) = 14,784원$$

<표 3-3-1> 적립종가표(기말적립)

FVa-end	1%	2%	3%	4%	5%	6%	7%	8%	9%	10%
1	1,000	1,000	1,000	1,000	1,000	1,000	1,000	1,000	1,000	1,000
2	2,010	2,020	2,030	2,040	2,050	2,060	2,070	2,080	2,090	2,100
3	3,030	3,060	3,091	3,122	3,153	3,184	3,215	3,246	3,278	3,310
4	4,060	4,122	4,184	4,246	4,310	4,375	4,440	4,506	4,573	4,641
5	5,101	5,204	5,309	5,416	5,526	5,637	5,751	5,867	5,985	6,105
6	6,152	6,308	6,468	6,633	6,802	6,975	7,153	7,336	7,523	7,716
7	7,214	7,434	7,662	7,898	8,142	8,394	8,654	8,923	9,200	9,487
8	8,286	8,583	8,892	9,214	9,549	9,897	10,260	10,637	11,028	11,436
9	9,369	9,755	10,159	10,583	11,027	11,491	11,978	12,488	13,021	13,579
10	10,462	10,950	11,464	12,006	12,578	13,181	13,816	14,487	15,193	15,937
11	11,567	12,169	12,808	13,486	14,207	14,972	15,784	16,645	17,560	18,531
12	12,683	13,412	14,192	15,026	15,917	16,870	17,888	18,977	20,141	21,384
13	13,809	14,680	15,618	16,627	17,713	18,882	20,141	21,495	22,953	24,523
14	14,947	15,974	17,086	18,292	19,599	21,015	22,550	24,215	26,019	27,975
15	16,097	17,293	18,599	20,024	21,579	23,276	25,129	27,152	29,361	31,772
16	17,258	18,639	20,157	21,825	23,657	25,673	27,888	30,324	33,003	35,950
17	18,430	20,012	21,762	23,698	25,840	28,213	30,840	33,750	36,974	40,545
18	19,615	21,412	23,414	25,645	28,132	30,906	33,999	37,450	41,301	45,599
19	20,811	22,841	25,117	27,671	30,539	33,760	37,379	41,446	46,018	51,159
20	22,019	24,297	26,870	29,778	33,066	36,786	40,995	45,762	51,160	57,275
21	23,239	25,783	28,676	31,969	35,719	39,993	44,865	50,423	56,765	64,002
22	24,472	27,299	30,537	34,248	38,505	43,392	49,006	55,457	62,873	71,403
23	25,716	28,845	32,453	36,618	41,430	46,996	53,436	60,893	69,532	79,543
24	26,973	30,422	34,426	39,083	44,502	50,816	58,177	66,765	76,790	88,497
25	28,243	32,030	36,459	41,646	47,727	54,865	63,249	73,106	84,701	98,347
26	29,526	33,671	38,553	44,312	51,113	59,156	68,676	79,954	93,324	109,182
27	30,821	35,344	40,710	47,084	54,669	63,706	74,484	87,351	102,723	121,100
28	32,129	37,051	42,931	49,968	58,403	68,528	80,698	95,339	112,968	134,210
29	33,450	38,792	45,219	52,966	62,323	73,640	87,347	103,966	124,135	148,631
30	34,785	40,568	47,575	56,085	66,439	79,058	94,461	113,283	136,308	164,494

〈표 3-3-2〉 적립종가표(기초적립)

FVa-big.	1%	2%	3%	4%	5%	6%	7%	8%	9%	10%
1	1,010	1,020	1,030	1,040	1,050	1,060	1,070	1,080	1,090	1,100
2	2,030	2,060	2,091	2,122	2,153	2,184	2,215	2,246	2,278	2,310
3	3,060	3,122	3,184	3,246	3,310	3,375	3,440	3,506	3,573	3,641
4	4,101	4,204	4,309	4,416	4,526	4,637	4,751	4,867	4,985	5,105
5	5,152	5,308	5,468	5,633	5,802	5,975	6,153	6,336	6,523	6,716
6	6,214	6,434	6,662	6,898	7,142	7,394	7,654	7,923	8,200	8,487
7	7,286	7,583	7,892	8,214	8,549	8,897	9,260	9,637	10,028	10,436
8	8,369	8,755	9,159	9,583	10,027	10,491	10,978	11,488	12,021	12,579
9	9,462	9,950	10,464	11,006	11,578	12,181	12,816	13,487	14,193	14,937
10	10,567	11,169	11,808	12,486	13,207	13,972	14,784	15,645	16,560	17,531
11	11,683	12,412	13,192	14,026	14,917	15,870	16,888	17,977	19,141	20,384
12	12,809	13,680	14,618	15,627	16,713	17,882	19,141	20,495	21,953	23,523
13	13,947	14,974	16,086	17,292	18,599	20,015	21,550	23,215	25,019	26,975
14	15,097	16,293	17,599	19,024	20,579	22,276	24,129	26,152	28,361	30,772
15	16,258	17,639	19,157	20,825	22,657	24,673	26,888	29,324	32,003	34,950
16	17,430	19,012	20,762	22,698	24,840	27,213	29,840	32,750	35,974	39,545
17	18,615	20,412	22,414	24,645	27,132	29,906	32,999	36,450	40,301	44,599
18	19,811	21,841	24,117	26,671	29,539	32,760	36,379	40,446	45,018	50,159
19	21,019	23,297	25,870	28,778	32,066	35,786	39,995	44,762	50,160	56,275
20	22,239	24,783	27,676	30,969	34,719	38,993	43,865	49,423	55,765	63,002
21	23,472	26,299	29,537	33,248	37,505	42,392	48,006	54,457	61,873	70,403
22	24,716	27,845	31,453	35,618	40,430	45,996	52,436	59,893	68,532	78,543
23	25,973	29,422	33,426	38,083	43,502	49,816	57,177	65,765	75,790	87,497
24	27,243	31,030	35,459	40,646	46,727	53,865	62,249	72,106	83,701	97,347
25	28,526	32,671	37,553	43,312	50,113	58,156	67,676	78,954	92,324	108,182
26	29,821	34,344	39,710	46,084	53,669	62,706	73,484	86,351	101,723	120,100
27	31,129	36,051	41,931	48,968	57,403	67,528	79,698	94,339	111,968	133,210
28	32,450	37,792	44,219	51,966	61,323	72,640	86,347	102,966	123,135	147,631
29	33,785	39,568	46,575	55,085	65,439	78,058	93,461	112,283	135,308	163,494
30	35,133	41,379	49,003	58,328	69,761	83,802	101,073	122,346	148,575	180,943

4. 적립현가 Present Value - annuity, PVa

적립현가는 일정기간 동안 일정한 간격으로 일정한 금액의 현금 흐름이 지속적으로 발생할 때, 현금흐름의 총가치를 현재가로 환산한 평가액을 뜻한다.

매년말에 적립하는 경우

$$PVa = 현금흐름액 \dfrac{\dfrac{(1+이자률)^{기간}-1}{이자률}}{(1+이자률)^{기간}}$$

〈예〉 오늘 연초인 1월 1일이다. 앞으로 5년간 매 연말에 $1,000이 들어오는데 이를 연 이사률 5%를 지급해주는 저축은행에 예금하려고 한다. 그러면 5년 후 받게 되는 원리금을 현재가치로는 다음과 같이 계산된다.

$$PVa - \$1,000 \dfrac{\dfrac{(1+5\%)^5-1}{5\%}}{(1+5\%)^5} = \$4,329.48$$

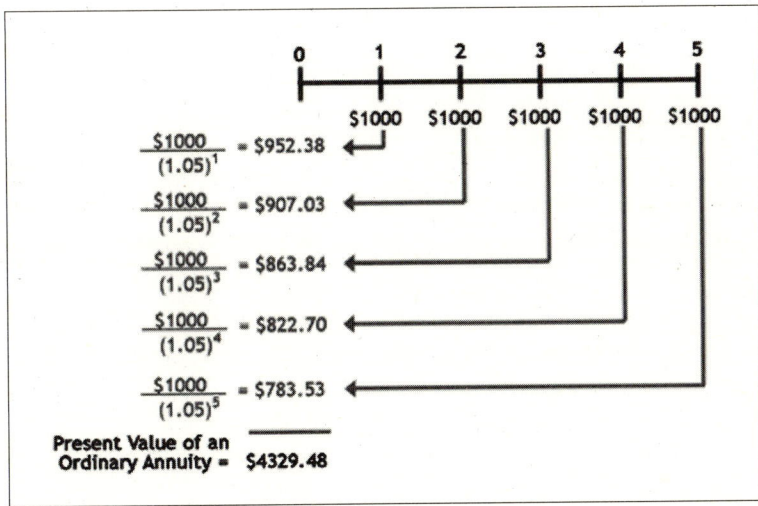

매년초에 적립하는 경우

$$PVa = 현금흐름액 \frac{\dfrac{(1+이자율)^{기간}-1}{이자율}}{(1+이자율)^{기간}} \times (1 + 이자율)$$

그런데 $1,000을 정기적금처럼 오늘부터 5년간 5회를 납입한 후 1년을 기다려 찾는 원리금은 다음과 같이 현재가로 변환된다.

$$PVa = \$1,000 \frac{\dfrac{(1 + 5\%)^5 -1}{5\%}}{(1 + 5\%)^5} \times (1 + 5\%) = \$4,545.95$$

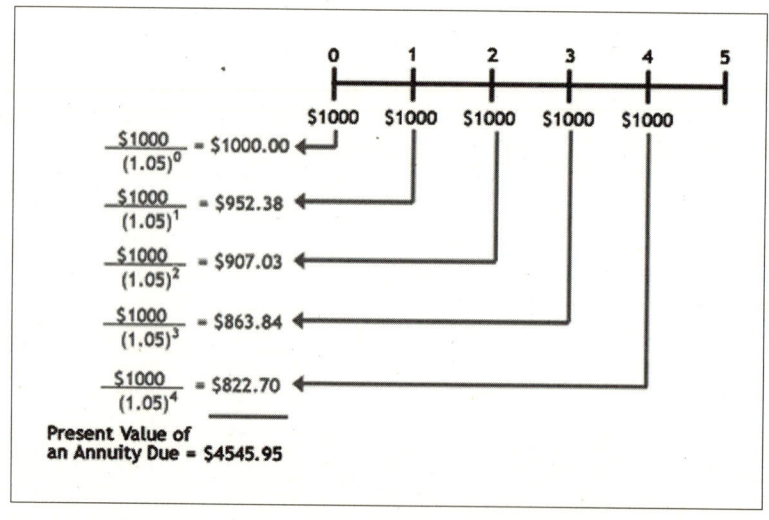

〈표 3-4-1〉 적립현가표(기말적립)

Pva-end	1%	2%	3%	4%	5%	6%	7%	8%	9%	10%
1	0,990	0,980	0,971	0,962	0,952	0,943	0,935	0,926	0,917	0,909
2	1,970	1,942	1,913	1,886	1,859	1,833	1,808	1,783	1,759	1,736
3	2,941	2,884	2,829	2,775	2,723	2,673	2,624	2,577	2,531	2,487
4	3,902	3,808	3,717	3,630	3,546	3,465	3,387	3,312	3,240	3,170
5	4,853	4,713	4,580	4,452	4,329	4,212	4,100	3,993	3,890	3,791
6	5,795	5,601	5,417	5,242	5,076	4,917	4,767	4,623	4,486	4,355
7	6,728	6,472	6,230	6,002	5,786	5,582	5,389	5,206	5,033	4,868
8	7,652	7,325	7,020	6,733	6,463	6,210	5,971	5,747	5,535	5,335
9	8,566	8,162	7,786	7,435	7,108	6,802	6,515	6,247	5,995	5,759
10	9,471	8,983	8,530	8,111	7,722	7,360	7,024	6,710	6,418	6,145
11	10,368	9,787	9,253	8,760	8,306	7,887	7,499	7,139	6,805	6,495
12	11,255	10,575	9,954	9,385	8,863	8,384	7,943	7,536	7,161	6,814
13	12,134	11,348	10,635	9,986	9,394	8,853	8,358	7,904	7,487	7,103
14	13,004	12,106	11,296	10,563	9,899	9,295	8,745	8,244	7,786	7,367
15	13,865	12,849	11,938	11,118	10,380	9,712	9,108	8,559	8,061	7,606
16	14,718	13,578	12,561	11,652	10,838	10,106	9,447	8,851	8,313	7,824
17	15,562	14,292	13,166	12,166	11,274	10,477	9,763	9,122	8,544	8,022
18	16,398	14,992	13,754	12,659	11,690	10,828	10,059	9,372	8,756	8,201
19	17,226	15,678	14,324	13,134	12,085	11,158	10,336	9,604	8,950	8,365
20	18,046	16,351	14,877	13,590	12,462	11,470	10,594	9,818	9,129	8,514
21	18,857	17,011	15,415	14,029	12,821	11,764	10,836	10,017	9,292	8,649
22	19,660	17,658	15,937	14,451	13,163	12,042	11,061	10,201	9,442	8,772
23	20,456	18,292	16,444	14,857	13,489	12,303	11,272	10,371	9,580	8,883
24	21,243	18,914	16,936	15,247	13,799	12,550	11,469	10,529	9,707	8,985
25	22,023	19,523	17,413	15,622	14,094	12,783	11,654	10,675	9,823	9,077
26	22,795	20,121	17,877	15,983	14,375	13,003	11,826	10,810	9,929	9,161
27	23,560	20,707	18,327	16,330	14,643	13,211	11,987	10,935	10,027	9,237
28	24,316	21,281	18,764	16,663	14,898	13,406	12,137	11,051	10,116	9,307
29	25,066	21,844	19,188	16,984	15,141	13,591	12,278	11,158	10,198	9,370
30	25,808	22,396	19,600	17,292	15,372	13,765	12,409	11,258	10,274	9,427

〈표 3-4-2〉 적립현가표(기초적립)

Pva-big.	1%	2%	3%	4%	5%	6%	7%	8%	9%	10%
1	1.000	1.000	1.000	1.000	1.000	1.000	1.000	1.000	1.000	1.000
2	1.990	1.980	1.971	1.962	1.952	1.943	1.935	1.926	1.917	1.909
3	2.970	2.942	2.913	2.886	2.859	2.833	2.808	2.783	2.759	2.736
4	3.941	3.884	3.829	3.775	3.723	3.673	3.624	3.577	3.531	3.487
5	4.902	4.808	4.717	4.630	4.546	4.465	4.387	4.312	4.240	4.170
6	5.853	5.713	5.580	5.452	5.329	5.212	5.100	4.993	4.890	4.791
7	6.795	6.601	6.417	6.242	6.076	5.917	5.767	5.623	5.486	5.355
8	7.728	7.472	7.230	7.002	6.786	6.582	6.389	6.206	6.033	5.868
9	8.652	8.325	8.020	7.733	7.463	7.210	6.971	6.747	6.535	6.335
10	9.566	9.162	8.786	8.435	8.108	7.802	7.515	7.247	6.995	6.759
11	10.471	9.983	9.530	9.111	8.722	8.360	8.024	7.710	7.418	7.145
12	11.368	10.787	10.253	9.760	9.306	8.887	8.499	8.139	7.805	7.495
13	12.255	11.575	10.954	10.385	9.863	9.384	8.943	8.536	8.161	7.814
14	13.134	12.348	11.635	10.986	10.394	9.853	9.358	8.904	8.487	8.103
15	14.004	13.106	12.296	11.563	10.899	10.295	9.745	9.244	8.786	8.367
16	14.865	13.849	12.938	12.118	11.380	10.712	10.108	9.559	9.061	8.606
17	15.718	14.578	13.561	12.652	11.838	11.106	10.447	9.851	9.313	8.824
18	16.562	15.292	14.166	13.166	12.274	11.477	10.763	10.122	9.544	9.022
19	17.398	15.992	14.754	13.659	12.690	11.828	11.059	10.372	9.756	9.201
20	18.226	16.678	15.324	14.134	13.085	12.158	11.336	10.604	9.950	9.365
21	19.046	17.351	15.877	14.590	13.462	12.470	11.594	10.818	10.129	9.514
22	19.857	18.011	16.415	15.029	13.821	12.764	11.836	11.017	10.292	9.649
23	20.660	18.658	16.937	15.451	14.163	13.042	12.061	11.201	10.442	9.772
24	21.456	19.292	17.444	15.857	14.489	13.303	12.272	11.371	10.580	9.883
25	22.243	19.914	17.936	16.247	14.799	13.550	12.469	11.529	10.707	9.985
26	23.023	20.523	18.413	16.622	15.094	13.783	12.654	11.675	10.823	10.077
27	23.795	21.121	18.877	16.983	15.375	14.003	12.826	11.810	10.929	10.161
28	24.560	21.707	19.327	17.330	15.643	14.211	12.987	11.935	11.027	10.237
29	25.316	22.281	19.764	17.663	15.898	14.406	13.137	12.051	11.116	10.307
30	26.066	22.844	20.188	17.984	16.141	14.591	13.278	12.158	11.198	10.370

5. 불규칙종가, 현가 Future & Present Value – Irregular, FVi & PVi

현금흐름의 시간적 간격이 일정하지 않거나 금액도 다르고 이자율(혹은 할인률)도 상이한 투자의 현가나 종가를 계산하는 방법은 여러 가지가 있다.

첫째, 재무용 계산기는 각기 다른 현금흐름의 기간과 금액 그리고 할인률을 입력할 수 있으므로 비교적 간단히 종가나 현가를 구할 수 있다.

둘째, 컴퓨터 소프트웨어로 Excel이나 전문 수학프로그램인 Mathmatica를 사용하여 값을 구할 수 있다.

마지막으로는 다음의 예과 같이 현금흐름을 각 할인률과 금액을 적용하여 개별적으로 계산하여 합을 구해야 한다.

〈예〉 $100 $100 $300 $400이 현재와 1년 후, 2.5년 후 그리고 4년 후에 발생한다면 이 현금흐름의 4년 후 종가를 먼저 구하면 나음과 같나.
(현가도 현가식으로 나누어 같은 방법으로 구하면 된다.)

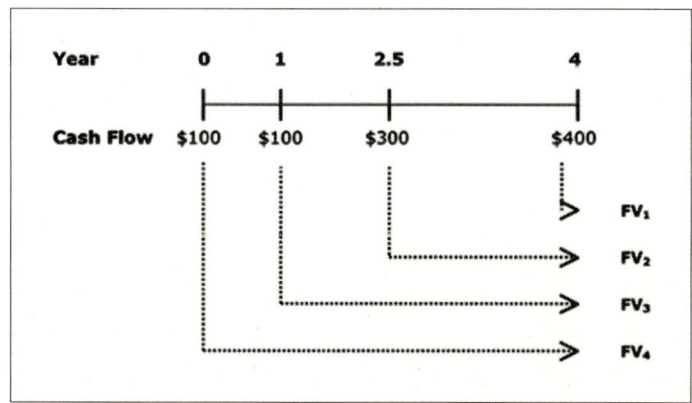

금액 $	현금흐름	할인률	종 가
100	현재	1%	$100 \times (1 + 1\%)^4 = 104.06$
100	1년 후	2%	$100 \times (1 + 2\%)^3 = 106.12$
300	2.5년 후	3%	$300 \times (1 + 3\%)^{1.5} = 313.60$
400	4년 후	4%	$400 \times (1 + 4\%)^0 = 400.00$
	현금흐름의 합		FV = $923.78

40세 부부 '품위있는 노후' 20년 후 필요한 자금은

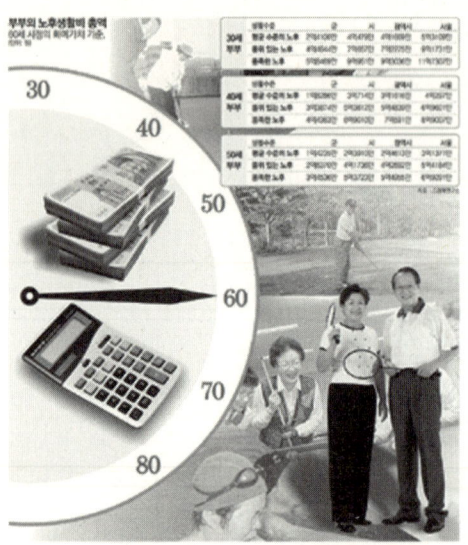

《은퇴 후 사망할 때까지의 노후 생활 자금은 얼마가 필요할까. 추정치가 조사기관에 따라 각양각색이어서 은퇴를 앞둔 중년층들이 혼란스러워하고 있다. 가장 최근의 추정치는 삼성금융연구소가 올해 2월 내놓은 것이다. 이 연구소는 지난해 5~7월 전국 7대 도시 거주 4,000가구를 대상으로 조사한 결과를 토대로 현재 근로소득자가 60세에 은퇴했을 때 원하는 생활수준을 유지하기 위해서는 은퇴 시점에 평균 8억 1,000만 원이 필요한 것으로 추정했다. 이 추정치는 조사 대상 연령을 특정하지 않고 전 연령의 평균치를 제시한 것이었다. 따라서 조사 대상자가 현재 어느 연령대에 있는지에 따라 은퇴 시점의 노후자금 추정치는 크게 달라질 수 있다.》

○ 조사기관마다 자금추정치 격차 커

이에 앞서 삼성생명은 지난해 10월 직장에서 60세에 은퇴한 부부가 연간 해외여행을 한 번 하고 골프를 월 2회, 가사도우미를 월 8회 부르는 등

풍요로운 노후생활을 하면서 80세까지 산다고 가정할 때 거주비를 제외한 노후자금은 11억여 원 필요하다는 계산을 제시했다. 또 기본적인 노후생활을 하는 데도 7억원 정도가 들 것으로 내다봤다. 이 추정치 역시 그런 생활을 하는 데 드는 현재 시점의 연간 생활비에 단순히 20년을 곱한 수치이며 보유 재산의 수익률이나 국민연금 등을 감안하지 않아 부정확하다는 지적이 제기될 수 있다.

이보다 앞서 2005년 11월 교보생명이 추정한 노후자금은 11억원이었고 같은 해 PCA생명은 1,000명을 대상으로 한 설문조사에서 은퇴 후 부부가 취미와 레저생활을 하면서 80세까지 사는 데 현재 화폐가치로 월 233만 원씩 모두 5억 5,920만 원이 드는 것으로 제시했다. 2004년 5월 국민연금관리공단이 제시한 노후자금은 2억 6,000만~7억원이었다. 이를 종합해 보면 평균 7억원, 많게는 13억원에 이른다.

이 같은 추정치는 그동안의 저금리 현상과 보험회사들의 마케팅 전략이 겹쳐 과장된 것이라는 지적도 나오고 있다.

LG경제연구소 이철용 연구원이 2006년 2월 15일 내놓은 LG주간경제 리포트에 따르면 현재 30~50내가 큰 불편 없이 노후생활을 보낼 수 있는 노후자금은 은퇴 시점의 돈으로 4억~5억원이면 된다는 것이다.

○통계청, 月 생활비 서울 154만 원 제시

이 연구원은 그동안 나온 노후자금 추정치의 문제점으로 첫째는 보험회사들이 상류층을 주 공략 대상으로 삼아 노후자금 설계가 골프 해외여행 파출부 중형차 등으로 상징되는 웰빙형 생활 패턴을 전제로 이루어진 점을 들었다. 둘째는 노후자금 규모는 과대평가하는 반면 물가상승률은 높게 잡고 노후 대비 투자의 기대수익률은 낮게 잡는 등 분석방법에 문제가 있다는 것이다.

이 연구원은 통계청이 조사한 '가구 소비 실태'를 근거로 2005년 말 현재 은퇴생활을 하고 있는 고령자 부부의 월평균 생활비는 군 지역의 경우 97만 원, 시나 광역시는 130만 원, 서울은 154만 원이라고 제시했다(주거비 포함). 그는 이를 바탕으로 2006년 현재 30세, 40세, 50세인 동갑내기 부부가 각각 60세에 은퇴하고 남자는 평균수명인 76세, 여자는 82세까지 산다고 가정할 때의 필요한 노후자금을 계산했다.

또 연간물가상승률은 3%, 은퇴 시점까지 축적된 자산에서 매년 4%의 수익률이 기대되는 것으로 추정했으며 은퇴 이후 국민연금이나 완전노령연금을 가구당 월평균 50만 원씩을 받는 것으로 가정하고 남편이 사망한 뒤 혼자 사는 아내의 생활비는 부부 생활비의 60%로 잡았다.

이러한 조건을 전제로 하여 이 연구원이 제시한 평균적인 노후자금은 현재 40세의 경우 60세에 도달했을 때 그 시점의 돈 가치로 1억8,286만(군 지역)~4억297만 원(서울)이 있으면 될 것으로 추산했다.

예컨대 서울에서 살고 있는 40세 동갑내기 부부의 경우 현재 1억8,391만 원(60세가 됐을 때 필요한 자금인 4억297만 원을 연간 4%의 할인률을 적용해 계산한 현재가치·부동산이 포함된 개념임)에 상당하는 재산을 갖고 있을 경우 이 돈을 굴려 연간 4% 정도의 수익을 꾸준히 거둔다면 평균 수준의 노후생활을 할 수 있다는 것이다. 당장 그 돈이 없더라도 앞으로 20년 동안 4억297만 원을 모아도 마찬가지다. 이 부부가 60세에 그 돈으로 154만 원의 당시 가치에 해당하는 돈을 매달 쓰고 나머지 재산은 금리 4%의 상품에 넣고 살아가면 아내가 사망할 때쯤 재산이 다 없어진다는 계산이다.

○자녀교육비 거품 줄이고 투자기간 늘려야

이 연구원은 부부가 매월 한 번 음악회나 영화관에 가고 1년에 한 번 종합검진을 받고 피트니스센터의 한 코스를 매월 수강하며 1년에 한 번 해외여행도 하는 생활을 '품위 있는' 노후생활로 상정하고 이 정도의 생활을 하려면 현재의 50세는 60세에 도달하는 시점에서 2억 6,370만(군 지역)~5억 4,184만 원(서울)이 소요될 것으로 내다봤다.

또 '풍족한' 노후생활은 품위 있는 노후생활보다 취미 및 여가생활 부문 지출을 1.5배 이상 쓰는 생활로 상정했을 때 현재 50세의 경우 3억 4,536만(군 지역)~6억 9,291만 원(서울)의 노후자금이 있으면 가능할 것으로 추정했다.

한편 이 연구원은 노후자금 마련을 위해서는 첫째, 지출 구조조정을 통해 노후 대비 투자규모를 늘릴 필요가 있다고 충고했다. 특히 가계지출의 20~40%를 차지하는 자녀교육 관련 비용을 과감히 낮출 필요가 있다는 것이다. 둘째, 투자기간을 늘려 잡아 가급적 미리 투자할 필요가 있다고 말했다. 그는 50세의 노후투자 필요자금을 100으로 했을 때 40세는 50세의 45% 정도만 소요되며 30세는 40세 필요자금의 60% 수준이면 될 것으로 추산했다.

〈동아일보 2009. 09. 27〉

부부의 노후생활비 총액
60세 시점의 화폐가치 기준.
(단위: 원)

	생활수준	군	시	광역시	서울
30세 부부	평균 수준의 노후	2억4100만	4억479만	4억1669만	5억3109만
	품위 있는 노후	4억4644만	7억657만	7억2275만	9억1731만
	풍족한 노후	5억8469만	9억951만	9억3036만	11억7307만
40세 부부	평균 수준의 노후	1억8286만	3억714만	3억1616만	4억297만
	품위 있는 노후	3억3874만	5억3612만	5억4839만	6억9601만
	풍족한 노후	4억4363만	6억9010만	7억591만	8억9007만
50세 부부	평균 수준의 노후	1억4235만	2억3910만	2억4613만	3억1371만
	품위 있는 노후	2억6370만	4억1736만	4억2692만	5억4184만
	풍족한 노후	3억4530만	5억3723만	5억4955만	6억9291만

자료: LG경제연구소

탐구과제

1. 재무측면에서 이 기사가 사회에 공헌하는 부분을 찾아보자.

2. 재무담당자로서 이 기사를 읽고 수정하고 싶은 부분이 있으면 지적하고 그 이유를 설명하여 보자.

자산가치 측정

1. 자산가치 결정요소

자산가치는 현금흐름금액과 현금흐름금액의 성장률 그리고 미래현금흐름의 불확실성이나 계산가능한 위험 등 주로 세 요소에 의해서 가격이 결정된다.

프로젝트의 경우 현금수익흐름이 투명하고 증가하면 자산의 가격이 상승하고, 현금흐름이 불확실해지거나 하락하면 가치가 하락한다. 이러한 기본원리가 자산 가치평가의 기초가 된다. 투자자들이나 기업의 재무담당자들은 미래의 불확실한 현금흐름을 산출된 위험으로 전환하여 통제하면서 현금흐름을 가능한 극대화하고 투명하게 한다.

자산 중에서 채권(債券 Bonds14))의 가치는 월별 이자지급액과 같은 현금흐름과 시장할인률의 변화에 의해서 채권가격의 변동분이 계산된다.

보통주나 우선주의 현금흐름은 연말배당액이나 주식株式 Stock15)의 가격변동분에 의해서 측정된다. 성장하는 배당액은 주식가치를 증가시키지만, 미래의 불확실성에서 추출되는 위험은 그 가치를 하락시키게 된다.

투자자들의 자산가치 증가를 위해서는 다음의 세 가지 조건이 필요한데, 이 중 위험평가가 중요한 과제이다. 따라서 자산의 평가에 있어서는 위험과 관련된 변수들에 주의를 기울여야 한다.

- 자산은 지속적인 현금흐름을 만들어야 한다.
- 현금흐름은 양의 성장률을 가져야한다.
- 위험은 통제되고 측정되어야 한다.

2. 채권의 가치계산

현금흐름을 발생시키는 다른 자산과 마찬가지로 채권의 가치도 미래에 발생하는 현금흐름을 현새가로 환산한 합이다. 채권은 성부나 기관 혹은 기업이 예산이나 자금을 마련할 때 발행하는 자금조달수단이다.

---

14) **Bond** interest-bearing or discounted certificate of indebtedness, paying a fixed rate of interest over the life of the obligation, hence the name 'fixed income security'. The issuer is obligated by a written agreement (the bond indenture) to pay the holder a specific sum of money, usually semiannually but sometimes at maturity, as is the case with zero-coupon bonds, and the face value, or par value, of the certificate at maturity. Bonds are long-term obligations, meaning they have maturities of five years, and frequently, ten years or longer.

15) **Stock** ownership interest in a corporation, evidenced by physical certificates authorized and sold to the public by the issuer. Common stock entitles the owners to receive regular dividends if declared by the board of directors, to vote at annual shareholder meetings, or to authorize other persons to vote on their behalf. Preferred stock usually has no voting rights, pays limited dividends, but has priority claim over common stock to earnings (dividends) and assets (liquidation value) of the corporation.

채권의 발행자인 채무자는 채권을 소지한 채권자에게 원금과 이자를 지급하게 된다. 지급되는 이자의 현금흐름과 원금의 가치를 시장할인률을 적용하여 현재가로 환산하게 되면 그 채권의 가치이다.

채권의 이자지급방식은 채권의 종류에 따라 다르지만, 월별지급, 분기별지급, 6개월별 지급, 연지급 등으로 나눌 수 있고, 약속한 연이자율로 복리나 단리로 계산하여 만기에 원금과 함께 지급하는 방법도 있다. 채권가치를 산정하는데 필요한 요소는 이자와 교환하는 쿠폰coupon의 지급시기와 지급이자률을 표시한 이표율coupon rate, 채권원금이나 이표를 할인하기 위한 시장이자률market rate, 원금을 지급하는 시점인 만기일maturity date 그리고 지급시점의 표면가격인 액면가face value 등이 있다. 다음 예에서 채권의 가치를 계산해 보자.

〈예〉 미국국채인 미재무성채권U.S. Treasury-Bond의 액면가가 $100,000, 만기는 30년, 매년 말 지급되는 이채표의 이자률은 3%, 시장이자률은 4%일 때, 이 채권의 시장가치를 구하기 위해 현재가치를 계산하면 다음과 같다.

〈국채와 이자지급쿠폰〉

이 국채의 이자는 매년 말 $3,000씩 30년에 걸쳐 30회의 현금흐름이 발생한다. 시장이자률 4%를 적용하여 현재가로 환산하면,

$$PVa = \$3,000 \times \frac{\frac{(1 + 4\%)^{30} - 1}{4\%}}{(1 + 4\%)^{30}} = \$51,876$$

그리고 $100,000인 채권의 액면가는 30년 후 지급받게 되므로 시장이 자율 4%를 적용하여 현재가치로 환산하면 다음과 같다.

$$PVs = \frac{\$100,000}{(1 + 4\%)^{30}} = \$30,832$$

그러므로 현가로 환산한 이자 현금흐름의 합 $51,876와 원금의 현가를 더한 $82,708가 이 채권의 현재가치이다.

하지만 채권의 이표는 대부분 고정 이자율을 명기하지만, 시장 이자율 끊임없이 변동한다. 시장 이자율이 높아지면 그 만큼 할인률이 커지므로 채권의 가치는 하락하게 된다. 반대로 시장의 이자율이 낮아지면 채권을 할인할 수 있는 부분도 작아지므로 채권가격은 현재보다 상승하게 된다.

〈예〉 앞의 예에서 10년 후 시장의 이자율이 4%에서 2%로 낮아지는 것으로 가정하고, 10년 후 이 국채의 현재가치를 구하면 다음과 같다.

10년 후 남아 있는 이자의 현금흐름은 매년 밀 $3,000씩 20년 동안 20회이다. 시장이자율 2%를 적용하여 현재가로 환산하면,

$$PVa = \$3,000 \times \frac{\frac{(1 + 2\%)^{20} - 1}{2\%}}{(1 + 2\%)^{20}} = \$49,054.30$$

그리고 10년 후 기준으로 살펴볼 때 20년 후의 이 국채의 액면가 $100,000 을 10년 후 현가로 계산하면 다음과 같다.

$$PVs = \frac{\$100,000}{(1 + 2\%)^{20}} = \$67,297.13$$

따라서 두 값을 합하면 10년 후 이 국채의 가격은 $116,351.43이 된다.

만약 이 채권가의 지금 현재가치를 알고 싶다면 10년 후의 가격을 현재

가격으로 전환하므로 같은 식으로 간단하게 구할 수 있다.

$$PVs = \frac{\$116{,}351.43}{(1 + 4\%)^{10}} = \$78{,}602.86$$

3. 보통주의 가치

주식 중에서 보통주common stock[16]는 투자지분만큼 주식발행기업의 법적뿐만 아니라 실질적 소유주가 된다. 따라서 주주총회에서도 지분에 상당하는 발언권이나 의사결정권 그리고 투표권을 가지게 된다.

하지만 경영참가를 목적으로 하는 소수투자자 이외의 다수 투자자들은 단기적 소유주로 주식의 가격변동이나 배당에 더 관심을 가진다. 특히 투자 포트폴리오 목적으로 여러 기업의 주식을 매수하는 개인이나 기관 등의 투자자들은 더욱 더 그렇다.

주식의 가격인 주가는 기업의 경영성과나 발전가능성 그리고 시장의 상황, 수요와 공급에 따라 변동하고, 배당은 기업의 매출이익이나 자금여유의 정도에 따라 결정된다. 그러므로 보통주의 정확한 가치를 계산하는 일은 현실적으로 매우 어렵다. 그러나 어떤 주식에 대한 장기간의 측정은 그 주가의 평균성장률이나, 평균 배당액 그리고 배당액의 변화 등의 변수값을 기질 수 있게 된다. 이를 바탕으로 이론적으로 측정 가능한 보통주의 가치는 연간 배당액, 배당액의 성장률 그리고 시장할인률에 의해서 산출될 수 있다.

---

16) **Common Stock** A security that represents ownership in a corporation. Holders of common stock exercise control by electing a board of directors and voting on corporate policy. Common stockholders are on the bottom of the priority ladder for ownership structure. In the event of liquidation, common shareholders have rights to a company's assets only after bondholders, preferred shareholders and other debtholders have been paid in full. ⟨www.investopedia.com⟩

여기서 보통주의 가치를 배당의 변화에 따라 세 가지로 나누어 계산하면 다음과 같고, 계산된 가치가 이론상 현재주가이다.

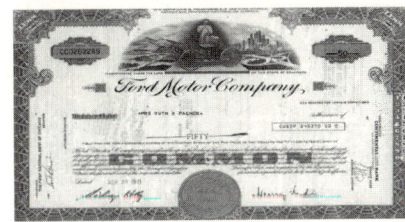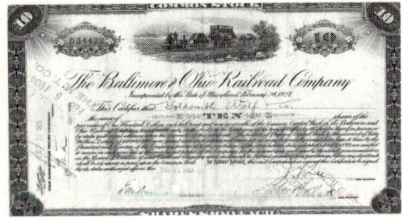
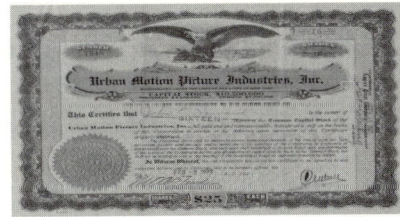

〈국내외 보통주〉

1) 일정액배당 주식의 가치계산

연초에 주식을 매수하여 영구히 보유하는 것으로 가정하고, 매년말 주주총회에서 일정액을 배당으로 영구히 배당한다고 가정하면 이 주식의 가치는 다음과 같이 계산된다.

$$V_{cs} = \frac{d_{cs}}{(1 + k_{cs})^1} + \frac{d_{cs}}{(1 + k_{cs})^2} + \cdots + \frac{d_{cs}}{(1 + k_{cs})^\infty} = \frac{d_{cs}}{k_{cs}}$$

V_{cs} : (배당이 증가하지 않고 일정한) 보통주의 가치

d_{cs} : 보통주의 배당액

k_{cs} : 할인률 (이 위험과 동등한 다른 자산의 자본비용률)

〈예〉 현실적으로 실현가능성은 거의 없지만, 한 예로 과거에 $1,000를 지불하고 매수한 주식 A가 지금 연간 $70을 배당하고, 시장 인플레이션률이 3%이면 이 주식 A의 현재가는 다음과 같다.

$$\frac{\text{보통주의 배당액}}{\text{할인률}} = \frac{\$70}{.03} = \$2,333.33 \text{ [17]}$$

〈예〉 같은 조건에서 주식 A가 현재 $1,800일 때 매도를 유도하는 시장 할인률은 몇 % 이상일까?

$$\frac{\text{보통주의 배당액}}{\text{할인률}} = \frac{\$70}{\text{매도유도률}} = \$1,800 \text{에서}$$

매도유도 시장할인률(혹은 인플레이션률) 3.89% 이상이다.

2) 일정성장 배당주의 가치

연초에 주식을 매수하여 영구히 보유하는 것으로 가정하고, 매년 말 주주총회에서 전해에 대비해 매년 일정률을 증액하여 영구히 배당한다고 가정하면 이 주식의 가치는 다음과 같이 계산된다.

$$V_{cs} = \frac{d_{cs}(1+g)^1}{(1+k_{cs})^1} + \frac{d_{cs}(1+g)^2}{(1+k_{cs})^2} + \cdots + \frac{d_{cs}(1+g)^\infty}{(1+k_{cs})^\infty}$$

$$= \frac{d_{cs0}(1+g)}{k_{cs}-g} + \frac{d_{cs1}}{k_{cs}-g}$$

V_{cs} : (배당액이 일정하게 증가하는) 보통주의 가치

d_{cs} : 보통주의 배당액

g : 배당액의 성장률

k_{cs} : 할인률 (이 위험과 동등한 다른 자산의 자본비용률)

---

17) 여기서 영구히 배당을 받기 위해서는 주식A도 영구히 지속되므로 현재가로 환산하면 그 값은 0이다.

〈예〉 연말 주주총회에서 의결한 주식 B의 배당액이 $10.10이고, 이 배당률이 매년 5%씩 증가한다면 이 주식의 현가는 얼마인가 계산해 보자. 단 시장할인률은 8%.

$$주식\ B = \frac{일년\ 후\ 배당액}{시장할인률\ -\ 성장률} = \frac{\$10.10(1 + 5\%)}{8\% - 5\%} = \$353.50$$

4. 우선주의 가치

우선주preferred stock[18]가 보통주와 다른 점은 의결권이 없다는 점이다. 또한 보통주에 우선해 배당을 받게되고, 기업도산시 잔여자산을 채권자 후 보통주에 우선하여 지급받을 권리가 있다. 하지만 배당은 고정액을 받거나 연말실적에 따라 추가배당을 받는 등 기업에 따라 다르다.

우선주의 가격이 보통주에 비해 낮게 거래되는 이유는 무의결권에 의해 기업의 의사결정에 참여하지 못하는 점과 보통주에 비해 매우 적은 발행량으로 매매시 유동성도 낮기 때문이다.

대부분 우선주는 채권처럼 보유자에게 정기적이고 고정적인 배당을 지급한다. 기간이 정해진 우선주도 있지만, 배당액이 무한대로 지속된다고 가정하면, 가치는 다음과 같이 계산한다.

---

18) **Preferred Stock** A class of ownership in a corporation that has a higher claim on the assets and earnings than common stock. Preferred stock generally has a dividend that must be paid out before dividends to common stockholders and the shares usually do not have voting rights. The precise details as to the structure of preferred stock is specific to each corporation. However, the best way to think of preferred stock is as a financial instrument that has characteristics of both debt (fixed dividends) and equity (potential appreciation). Also known as "preferred shares". 〈www.investopedia.com〉

$$V_{ps} = \frac{d_{ps}}{(1 + k_{ps})^1} + \frac{d_{ps}}{(1 + k_{ps})^2} + \cdots + \frac{d_{ps}}{(1 + k_{ps})^\infty} + \frac{d_{ps}}{k_{ps}}$$

V_{ps} : 우선주의 가치

d_{ps} : 우선주의 배당액

k_{ps} : 할인률 (이 위험과 동등한 다른 자산의 자본비용)

〈예〉 A기업은 자사의 우선주에 대해 매년 주당 $100씩 배당하기로 하였다. 시장에서의 적정할인률이 6%로 지속된다면 이 우선주의 가치는 $1,666.67 가 된다.

$$A기업\ 우선주의\ 가치 = \frac{\$100}{6\%} = \$1,666.67$$

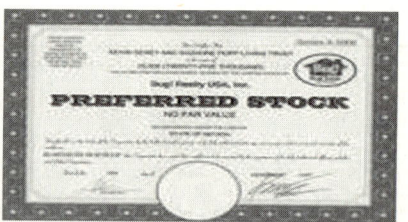

〈다양한 형태의 우선주〉

5. 불규칙 배당주 현가계산

주식의 연말배당이 지속적으로 불규칙하여 예측이 어려울 때는 이 주식의 현재가를 계산하기 어렵다. 불규칙하더라도 배당금액의 예측이 가능하면 미래에 발생하는 배당액의 현금흐름을 개별적으로 현재가로 환산하여 현재가를 구할 수 있다.

다음 〈예〉와 같이 1, 2년 후의 배당액이 각각 $100과 $200이고, 2년 후부터는 배당액이 5%씩 지속적으로 증가할 때 이 주식의 가치는 다음과 같다. (시장할인률 7% 적용)

(1) 1년후의 배당 $100를 7%로 1년간 할인하면 $93.46이다.
(2) 2년후의 배당 $200를 7%로 2년간 할인하면 $174.69이다.
(3) 그리고 3년 후부터는 매년 7%씩 일정하게 증가하므로 다음 식을 활용하여 2년후시점의 현재가를 구하면 $10,500이다.

$$\text{주식가치 } V_{cs} = \frac{\text{3년차 배당액} d_{cs1}}{\text{힐인률 } k_{cs} - \text{싱장률 } g} = \frac{\$200(1 + 5\%)}{7\% - 5\%} = 10,500$$

따라서 표로 정리하면 다음과 같다.

	배당발생	배당액 ($)	할인지수 (연 7%)	현재가치 ($)
(1)	1년 후 배당	100	0.9346	93.46
(2)	2년 후 배당	200	0.8734	174.69
(3)	3년 후 누계	10,500	0.8734	9,170.70
	보통주의 현재가치 =			9,438.85

1. 기업들의 보통주 가격과 우선주 가격을 찾아보고, 가격차이의 이유를
   설명해 보자.

2. 각국 기업들의 우선주 발행 실태와 배당지급방식을 탐구하여 보자.

5.
임대차계약

1. 임대차의 정의

임대차lease19)는 개인이나 기업, 정부 등이 여러 가지 이유로 동산과 부동산을 구매하지 않고 일정기간 빌려주거나 빌려쓰는 상행위의 일종이다. 따라서 임대차계약은 임대인lessor과 임차인lessee, tenant 사이의 법적 계약이다. 한국에서는 보통 부동산을 임대, 동산의 임대차를 리스lease라고 부르기도 한다.

자산을 빌려주는 임대인은 빌려 사용하는 임차인에게 특정 자산을 일정기간 사용할 수 있는 권리를 주고, 그에 대한 대가로 임차인으로부터 임대료rent 명목으로 사용료를 받는다. 임대차에 사용되는 자산은 보통 기계장비 등 동산이나 토지 등 부동산 등이지만, 종종 지적재산권이나 사람도 포

---

19) **lease** contract granting use of real estate, equipment, or other fixed assets for a specific time in exchange for payment, usually in the form of rent. The owner of the leased property is called the lessor, the user the lessee.

함된다.

그리고 대부분의 임대는 임대 그 자체가 목적이지만, 매도를 목적으로 임대를 하기도 한다. 예를 들면 컴퓨터나 자동차를 임대하고, 일정사용기간 후 임차인에게 구매를 유도하는 방법이 있다.

또한 임대는 안전한 대출수단으로 사용되기도 하는데, 은행을 예로 들면 자신들의 예수금을 주식이나 대출로 투자하는 대신에 임차인들이 필요로 하는 자산을 구매하여 대출이자수입에 해당하는 수수료를 받을 목적으로 임대하는 일이다.

가장 흔한 임대회사는 은행이나 자동차 회사 그리고 리스회사 등인데 반해 기업이나 개인이 자산을 임차하는 이유는 크게 다음 세 가지가 있다.

첫째, 기업이 반복적으로 필요한 자산을 구매하기 위해 지속적으로 자금을 대부받는 이중적 거래를 회피하고,
둘째, 국가에 따라 구매와 리스간의 세금과 법적 혜택 차이에서 이익을 창출하며,
셋째, 잔존가치가 큰 경우 자산의 경우 기업의 현금흐름을 유리하게 한다.

2. 임대차의 장단점

1) 소유위험 회피
자산을 소유함으로써 발생하는 대부분의 손실이나 위험을 회피할 수 있다. 구매의 경우에는 노후화 문제, 수리 예측 그리고 잔존가격 등 미래에 불확실한 상황들이 발생하게 된다. 자산의 마모나 수리 등은 리스에서도 발생하나 계약에 의한 제품의 교체 등의 방법으로 회피할 수 있는 불확실성이다.
반대로 임대를 위해서는 더 많은 보험료와 렌트를 지불해야 하거나 신용

등급도 높아야 한다는 조건이 있다. 그리고 국가에 따라 다르지만 기업의 자산에 대한 소유와 리스를 차별하는 문화도 존재한다.

2) 임대차 계약기간

임대회사가 많아짐은 시장에서의 공급초과를 의미하므로 임차인은 보다 유리한 계약으로 자산을 사용할 수 있다. 예를 들어 새로운 모델의 자동차나 기계가 출시될 때마다 교환할 수 있다든지, 사용기간을 임차인이 언제든 중지할 수 있는 계약조건 등을 의미한다.

하지만 소유의 경우 매도시기를 유연하게 정할 수 있지만, 임대는 일정 계약기간이 있으므로 계약취소 등의 중지가 어렵다.

3) 임대위험의 감소

임차인이 자사의 재무상태가 어려워 사용액을 지불할 수 없거나 파산하였을 때를 보자. 만약 은행이 현금을 대부하였다면 회수가 매우 어렵지만, 임대자산은 다른 채권자의 저당이나 압류에서도 제외되므로 비교적 쉽게 회수가 가능하여 임대자산 손실위험으로부터 벗어날 수 있는 장점이 있다.

4) 세금혜택

임차인에게 리스가 유리한 이유는 종종 사용 지불액이 운영비용으로 처리되어 세금공제를 받을 수 있기 때문이다. 그리고 임대자산에 대한 세금혜택은 자산의 감가상각 세법에 의하여 발생한다. 감가상각연수가 실제수명연수보다 빠를 때, 보다 많은 금액이 비용으로 산정되어 수익에서 차감되므로 그 만큼 세금이 적게 산출된다. 하지만 땅과 같이 감가상각을 할 수 없는 자산[20]의 경우에는 오히려 불리할 수도 있다.

5) 회계상의 이점

리스의 종류에 따라 다르지만 자금을 빌려 필요한 자산을 구입하는 것

---

20) 현실적으로나 세법상으로나 땅은 감가상각이 불가능하지만, 방사능 물질의 매장 등 땅을 회복할 수 없는 상태로 사용할 경우에는 예외적으로 감가상각이 가능하다.

보다 임차할 경우에는 자본대비 부채비율이 줄어든다. 또한 고정자산의 감소는 기업의 유동성을 증가시켜 경영의 유연성에 도움이 된다.

6) 의사결정의 단축

기업 내의 한 부서에서 고가의 자산을 구매할 경우 대금 승인이 날 때까지 여러 절차를 거쳐야 한다. 그리고 자산규모가 클수록 잔존가치계산이나 재판매가능성, 해당자산의 시장동향 등을 파악하기 위해 시간적 구매지연도 많이 발생한다. 이에 비해 리스는 초기 투자비용이 적으므로 의사결정이 수월하다.

3. 임대차의 종류

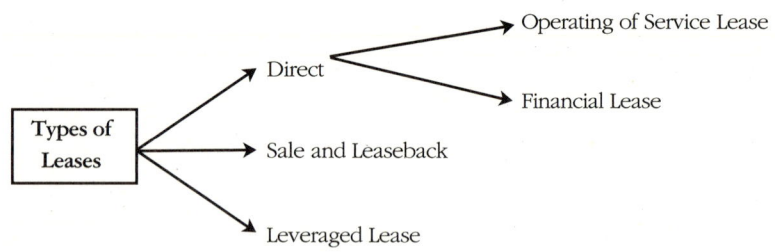

1) 운영리스

운영리스operating lease[21]는 일상생활에서 가장 활발하게 거래되는 임대차계약형태로 렌트카나 월임대 아파트처럼 보통 그 비용이 크지 않고 빈번한 거래가 이루어지는 '빌려 쓴다' 의 의미이다.

통상 단기간의 임대차 거래이며 취소가능한 계약이다. 운영리스에서는 임대인은 임차인에게 대여자산을 일정기간 일정조건에서 사용할 수 있는 권리만 주고 지속되지는 않는다. 따라서 일반적으로 임대인이 소유권으로

---

21) **operating lease (service lease, service contract)** lease written for a shorter period than the economic life of the leased asset. These leases ordinarily are written by equipment manufacturers, who are expected to take back the equipment and re-lease it to other users. Commercial banks do not make operating leases.

부터 발생하는 이익이나 손실을 부담한다.

한 예로 값비싼 정수기를 구매하기 어려운 가정에 일정기간 정수기를 임대하고, 관리와 수리 및 사용법 교육 등의 서비스를 제공한다. 그리고 계약기간이 끝나면 제품을 회수하는 리스방법이다.

2) 금융리스

금융리스financial lease[22]는 자본리스라고도 부르는 상업적 임대차 계약이다. 운영리스에서는 대체로 임대회사가 이미 구매한 자산을 이용하여 임대를 하지만, 금융리스는 임차인이 먼저 필요한 자산을 지정하고 그 후 임대인이 그 자산을 구매하여 임대하는 방식이다.

임차인이 임대인에게 지불하는 사용료나 상환금은 리스자산의 현금가격 뿐만 아니라 임대인의 투자이익까지 지불해야 한다는 의미이다. 일반적인 절차를 보면 임차인이 필요한 장비나 자산을 물색하고 선택하여 배달일자와 가격협상까지 마치게 된다.

그리고 임대회사와 리스자산에 대해 계약조건을 협상한다. 계약조건이 성립되면 장비회사와 연결하는 역할도 맡는다. 임대회사에 의해 장비가 구입됨과 동시에 리스계약이 실행된다.

금융리스는 판매 후 임차리스sale and leaseback와 유사하나 새로운 장비가

---

22) **financial lease** lease in which the service provided by the lessor to the lessee is limited to financing equipment. All other responsibilities related to the possession of equipment, such as maintenance, insurance, and taxes, are borne by the lessee. A financial lease is usually noncancellable and also called a 'full-payout lease' because the lease is fully paid out (amortized) over its lifetime.

구입되고, 임대인이 제조회사나 유통회사로부터 구입한다는 점이 다르다.

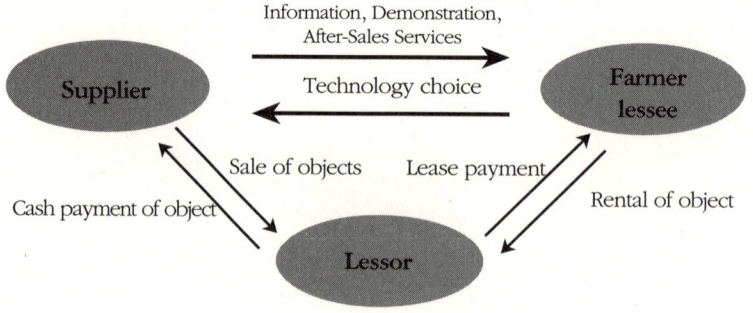

금융리스의 일반적 절차와 특징을 요약하면 다음과 같다.

(1) 임차인(고객이나 빌리는 사람)이 필요한 자산(장비, 차량류, 소프트웨어)을 선정한다. *the lessee (customer or borrower) will select an asset (equipment, vehicle, software)*

(2) 임대인(주로 금융회사)이 그 자산을 구입한다. *the lessor (finance company) will purchase that asset*

(3) 임대인이 그 자산을 임대기간 동안 사용한다. *the lessee will have use of that asset during the lease*

(4) 임차인은 그 자산의 사용대가로 일련의 사용료나 일정액을 지불한다. *the lessee will pay a series of rentals or installments for the use of that asset*

(5) 임대인은 그 자산의 구입비용에 대해 상당부분이나 전부를 회수하고 또한 이자를 임차인으로부터 받게 된다. *the lessor will recover a large part or all of the cost of the asset plus earn interest from the rentals paid by the lessee*

(6) 임차인은 그 자산의 소유권을 획득할 수 있는 선택권이 주어진다.(예를 들면 마지막 임대료만 지불하든지, 싸게 구매를 하든지) *the lessee has the option to acquire ownership of the asset (e.g. paying the last rental, or bargain option purchase price)*

3) 판매 후 임차 리스

판매 후 임차 리스sale and leaseback[23]는 개인이나 기업 등이 자금난이나 혹은 다른 이유로 자신들이 소유한 자산 중에서 지속적으로 필요한 자산을 제3자에게 매각하고, 그 해당 자산을 빌려 다시 사용하는 임대차 형태이다.

보통 토지나 건물, 기계설비 등을 소유한 기업이 이들 자산을 금융기관에 매도하고, 다시 일정기간 빌려 쓰는 계약을 하는 것을 말한다. 이러한 방식으로 임차기업은 부족한 자금으로 인한 채무자의 지위 대신 매각을 통하여 임차인의 지위를 가짐으로써 필요한 자산을 계속적으로 사용가능하게 된다.

또한 융자로 인한 부채의 위험을 회피하고, 매수인과 사용계약을 맺음으로써 필요한 자산을 지속적으로 사용할 수 있다는 장점이 있다. 임대인은 자신에게 사용가치가 없는 자산을 인수하게 되지만, 투자비용에 대한 이자와 사용료를 장기적으로 유지하며 이익을 얻게 된다.

SALE AND LEASEBACK

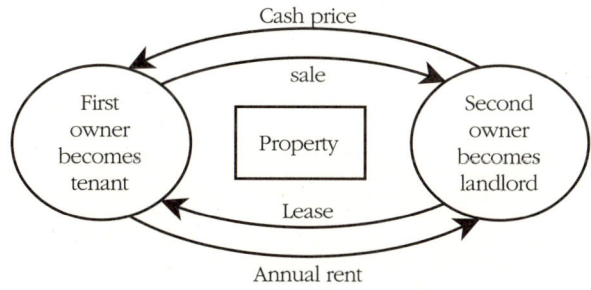

---

23) sale and leaseback sale of an asset, usually real estate, and agreement to lease it back from the purchaser on a long-term basis. In commercial finance, this type of financing arrangement strengthens the seller's balance sheet, because a capital asset is sold and converted into cash or a receivables. It may, however, result in a forfeiting of depreciation and tax benefits.

4) 레버리지 리스

레버리지 리스leveraged lease[24]는 다음 그림과 같이 네 당사자로 구성되어 각자의 역할에서 임대차 계약이 성립된다.

(1) 임대인 lessor
(2) 임차인 lessee
(3) 자금주 lender
(4) 관재인 trustee

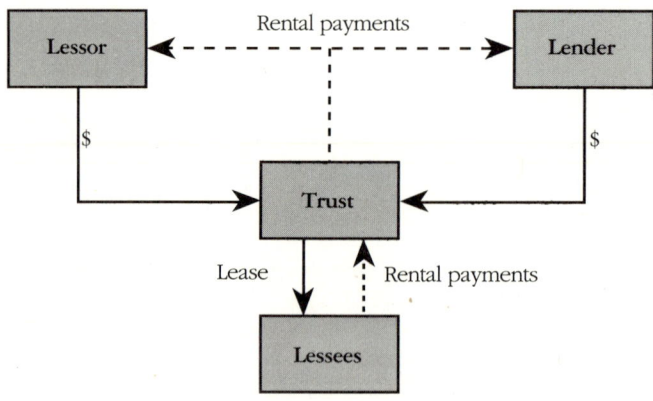

임대인은 임차인에게 필요한 자산구입에 통상 20~50% 정도를 지불하면 나머지 금액은 자금주가 지불한다. 리스자산을 저당 잡혀 빌린 돈은 큰 금액을 투자한 자금주가 갖는다. 관재인의 역할은 당사자들 간의 자산 소유권을 관리하는 일이다.

---

24) **leveraged lease** lease that involves a lender in addition to the lessor and lessee. The lender, usually a bank or insurance company, puts up a percentage of the cash required to purchase the asset, usually more than half. The balance is put up by the lessor, who is both the equity participant and the borrower.

5) 자본리스

재무에서는 자본리스capital lease[25]를 금융리스와 같은 개념으로 보는 경우가 많지만 회계에서는 구분된다.

또한 미 재무회계기준위원회the Financial Accounting Standards Board, FASB에서는 운영리스에서 다음 요건 중의 하나에 해당하면 기업이 세금혜택을 목적으로 사실상 구매를 리스로 위장한다는 뜻에서 자본리스로 간주한다.

(1) 자산 수명의 75%를 초과하여 임대할 때
   if the lease life exceeds 75% of the life of the asset

(2) 임대차 만료시 자산 소유권이 임대인에서 임차인으로 이전되는 경우
   if there is a transfer of ownership to the lessee at the end of the lease term

(3) 임대차 만료시 그 자산을 값싸게 구매할 수 있는 선택권이 임차인에게 주어진 경우 *if there is an option to purchase the asset at a "bargain price" at the end of the lease term*

(4) 리스자산에 대한 임대비용의 총합을 적정시장할인률을 적용하여 현재가치로 환산하였을 때 그 금액이 그 자산의 적정시장가격의 90%를 초과하는 경우 자본임대로 간주한다. *if the present value of the lease payments, discounted at an appropriate discount rate, exceeds 90% of the fair market value of the asset.*

〈자본리스 계약서〉

---

25) **capital lease** long-term lease of capital equipment that for accounting purposes is treated as a borrowing of funds and a balanced sheet asset to be amortized.

4. 리스비용계산

1) 리스비용산출변수

임대인은 소유 리스자산에 대하여 임차인에게 청구할 사용료와 이익을 산정해야 한다. 이 청구금액들은 아래 7가지 변수들을 사용하여 계산한다.

(1) 리스자산구매원가

(2) 리스자산소유시 발생이익의 현재가

(3) 리스자산의 순비용 (2)-(1)

(4) 리스자산의 자본비용

(5) 임대차거래 추구수익액(율)

(6) 임대기간과 잔존가격

(7) 감가상각방법

2) 리스비용산출과 추구이익적용 예

Ethiopia Coffee Company, ECC는 구매원가 $20,000인 로스팅기계를 Addis Ababa Coffee Shop, ACS에 임대하고자 한다. 추구이익을 포함한 연간 임대료를 5년간 연말에 받기 위한 리스비용산출변수는 다음과 같다.

(1) 리스자산구매원가 $20,000

(2) 리스자산소유시 발생이익의 현재가   세금 40%

(3) 리스자산의 순비용   (2)-(1)

(4) 리스자산의 자본비용   5%

(5) 임대차거래 추구수익액(율)   10%

(6) 임대기간과 잔존가격   5년, $0

(7) 감가상각방법   정액법Straight

이 조건에서 리스자산을 소유함으로써 발생하는 이익은 감가상각시의 세금환급효과 (2)이다. 이를 계산하면 다음과 같다.

임대기간 (년)	감가상각 ($)	세금환급효과 (40%)	할인지수 (5%)	현재가격 ($)
1	4,000	1,600	.9524	1,524
2	4,000	1,600	.9070	1,451
3	4,000	1,600	.8638	1.382
4	4,000	1,600	.8227	1,316
5	4,000	1,600	.7835	1,254
		발생이익의 합계		$6,927

그러므로 리스자산의 순비용은 $20,000 - $6,927 = $13,073이다.

ECC의 추구이익률이 10%이므로, 미래에 발생하는 현금흐름의 합을 현재가로 전환하는 식에 대입하면,

$$\$13,073 = 연간임대료 \times \frac{\frac{(1 + 10\%)^5 - 1}{10\%}}{(1 + 10\%)^5} \ 이다.$$

따라서 임차인은 연간 임대료 $3,449를 5년간 연말에 지급하면 된다.

또 다른 방법으로 임대인이 추구이익률을 기존보다 2% 낮추고 추구이익금을 연간 $5,000씩 추가로 받기를 원한다면 다음 식에서 임대료는 $4,526.50으로 상승하였다.

$$\$13,073 + \$5,000 = 연간임대료 \times \frac{\frac{(1 + 8\%)^5 - 1}{8\%}}{(1 + 8\%)^5}$$

1. 만약 Ethiopia Coffee Company, ECC가 사회적 기업으로 자본비용 이외의 추구이익을 거절한다면, Adis Coffee Shop, ACS의 임차료는 얼마인지 계산해 보자. (답: $3,019.53)

2. 다음은 실제 사례이다. 자동차를 3년간 리스lease할 때와 대출loan 하여 구매할 때의 비교표를 보고 각 항목을 설명하고, 월지출액이 정확한지 계산하여 보자.

LEASE or BUY?	리스 Lease	대출구매 Loan
MSRP26)	30,000	30,000
Negotiation Price	28,000	28,000
Add-on Costs	695	140
Cost Deductions	3,000	3,000
Lease Residuals	15,300	N/A
Interest Rate %	6.5	3.5
Term (month)	36	48
Sales Tax %	5.0	5.0
Monthly Payment	**$418.48**	**$591.20**
Total Sales Tax	672	1,305
Total Interest	3,993	1,933
Total Payments	11,072	28,378
Total Costs	14,167	31,378

26) **MSRP:** Manufacturer Suggested Retail Price (제조자 권장소비자가)

6.
자본비용

1. 자본비용과 기회비용

1) 자본비용

100만원이 필요한 개인이 이 금액을 빌려오기 위해서는 여러 가지 비용이 발생한다. 개인의 신용도에 따라 다르겠지만 은행을 찾거나 2금융권 그리고 사채시장 혹은 지인들에게 수소문할 것이다. 이러한 과정에서 발생하는 비용을 포함하여, 빌려 온 자금에 대한 이자도 지불하여야 한다.

이자는 개인의 신용도에 따라 차이가 있지만, 100만원을 어디에 사용할 것인가에 따라서도 이자가 달라질 수 있다. 또한 현재 개인이 갚아야 하는 부채의 크기에 따라서도 이자 차이가 날 수 있다. 이 모든 요소들이 고려되어 지출되었거나 지출될 이자를 포함하여 100만원으로 나눈 값이 개인의 대출비용이다.

투자를 위한 대출이라면 대출비용이 높을수록 투자가 성공하기 어려워진다. 예를 들어 대출비용이 10%인 자금으로 투자를 할 경우 10% 수익이 발생하여도 비용과 상쇄되고, 그 수준의 매출이 손익분기점이기 때문이다.

$$개인대출비용 = \frac{자금탐색비용 + 이자}{대출금}$$

기업도 개인의 대출과 근본적으로는 유사하지만 주식발행과 같은 다양한 방법이 있다. 하지만 자금을 빌려오는데 있어서는 개인과 같은 비용이 발생한다. 기업의 매출액이나 투자의 전망, 경영의 투명도 등의 경영활동과 윤리경영및 사회 공헌도에 따른 투자자들의 평가 등에 따라서 개별적 비용이 달라질 수는 있다.

투자자들이나 금융기관들에게 투자예정 프로젝트에 대해 설명하고, 투자자금에 대한 이자비용 등 모든 비용을 합한 금액을 투자대출금으로 나눈 값이 개별자본비용이다. 개별적 자본비용으로 설명하는 이유는 기업의 수많은 융자나 대출, 채권발행, 주식발행 등의 비용이 같을 수 없으므로 건당 자본비용에 해당한다.

기업이 이 자본비용을 지불하거나 상쇄하기 위해서는 투자프로젝트에서 최소한 이 비용만큼 수익이 발생해야 하므로 요구수익률required rate of return이라고도 부른다. 투자프로젝트에서 실제발생하거나 예측되는 수익은 투자원금에 대비하여 내부수익률internal rate of return, IRR이라 한다.

결론적으로 기업이 개별프로젝트를 추진하기 위한 자금이나 기업 전체의 비용대비 자금을 일반적으로 기업의 자본비용Cost of capital[27])이라고

---

27) **cost of capital** The required return necessary to make a capital budgeting project, such as building a new factory, worthwhile. Cost of capital includes the cost of debt and the cost of equity. Cost of capital determines how a company can raise money (through a stock issue, borrowing, or a mix of the two). This is the rate of return that a firm would receive if it invested in a different vehicle with similar risk. 〈www.investopedia.com〉

한다.

기업의 총자본비용은 곧 설명되는 가중평균자본비용WACC로 표시되고 기업의 신용도와 전망을 평가하는 객관적 지표가 되기도 한다.

2) 기회비용

기회비용은 경제학에서 제1경제학으로 불리울 정도로 중요한 개념이다. 개인 뿐만 아니라 투자자나 기업, 정부 등 선택을 해야 하는 모든 곳에 기회비용이 존재한다. 기회비용은 소유자원이 한정하다는 가정에서 출발한다.

따라서 우리가 가장 마음에 드는 하나를 선택함으로써, 선택하지 않은 혹은 선택하지 못한 대안들 중에서 가상 큰 혜택을 잃어버리게 되므로 누릴 수 있는 혜택의 기회를 잃어버렸다고 하여 기회비용opportunity cost[28]이라고 부른다. 이 기회비용의 희생으로 우리는 가장 마음에 드는 투자안이나 상품을 선택하였다. 자본비용에 대한 이해의 폭을 넓히기 위해서는 기회비용을 이해하는 것이 좋다.

조금 다른 예를 들면, 현금자산이 많은 개인이나 기업은 투자자금을 조달하기 위해서 뛰어다니지 않아도 된다. 또한 소지하고 있는 현금을 사용하기 때문에 이자를 지불할 필요도 없다. 그렇다면 다음과 같은 의문이 발생한다.

(1) 투자프로젝트에서 수익이 0일 때, 개인이나 기업은 만족하는가?
(2) 아니면 몇 %의 수익을 거둘 때 만족하는가?

---

28) **opportunity cost** is the cost of any activity measured in terms of the value of the next best alternative forgone (that is not chosen). It is the sacrifice related to the second best choice available to someone, or group, who has picked among several mutually exclusive choices. The opportunity cost is also the cost of the forgone products after making a choice. ⟨en.wikipedia.org⟩

(3) 만족스러운 수익률에 대한 기준은 무엇인가?

이와 같이 현금이 많은 기업의 경우에도 자본비용 개념이 투입되는데 이것을 주로 경제학의 기회비용으로 설명한다. 즉, 상호배타적인 투자안들 중에서 투자하고자 하는 프로젝트위험과 유사한 프로젝트의 수익률을 기준으로 삼는데 이것이 기회비용이다. 이론적으로는 투자프로젝트와 위험이 같은 따라서 수익도 같은 하지만 선택하지 않은 투자안에서 예상되는 수익률이 기회비용이라는 뜻이다.

개인이나 기업이 소득의 일부분을 투자할 수 있는 곳은 다양하다. 개인은 저축이나 투자의 형태로, 기업은 유동성에 대비하여 자금이 필요할 때면 손쉽게 조달할 수 있는 안전자산에 투자할 수도 있다. 하지만 이러한 현금이나 요구불 예금, 금융기관, 국채 등에 투자하면 투자자는 만족할만한 수익을 기대하기는 어렵다. 그 이유는 모두가 아는 바와 같이 투자의 수익률과 위험률은 대체로 비례하기 때문이다. 그러므로 위험률이 비슷한 투자라면 그 투자들의 수익률도 서로 비슷하다는 가정이 만들어진다.

이러한 가정에서 볼 때 어떤 투자에서 발생해야 하는 수익률의 결정은 비슷한 위험도를 가진 다른 투자에서 발생하는 수익률과 비슷해야 한다. 따라서 현실적으로 자본비용은 이들 다른 투자안들에서 발생한 수익 중 최대수익을 기준으로 한다. 여기에 기회비용의 개념이 투입된 것이다.

〈예〉 일상생활에서의 기회비용

1달러를 가지고 신문자판대에 갔다. 도착해 보니 코믹만화가 65센트 그리고 초코렛바가 55센트이다. 가진 돈이 충분하지 않기 때문에 둘 다를 살 수는 없다. 그래서 만화를 선택했다. 초코렛바는 너의 기회비용이 되었다. 왜냐하면 너의 잃어버린 기회이기 때문이다.(*You go to a newsagents with $1. When you arrive you find that a comic costs $0.65 and a chocolate bar costs $0.55. You cannot buy both because you do not have enough money. You choose to buy a comic. The chocolate bar* *becomes your opportunity cost, because this is your lost opportunity.)*

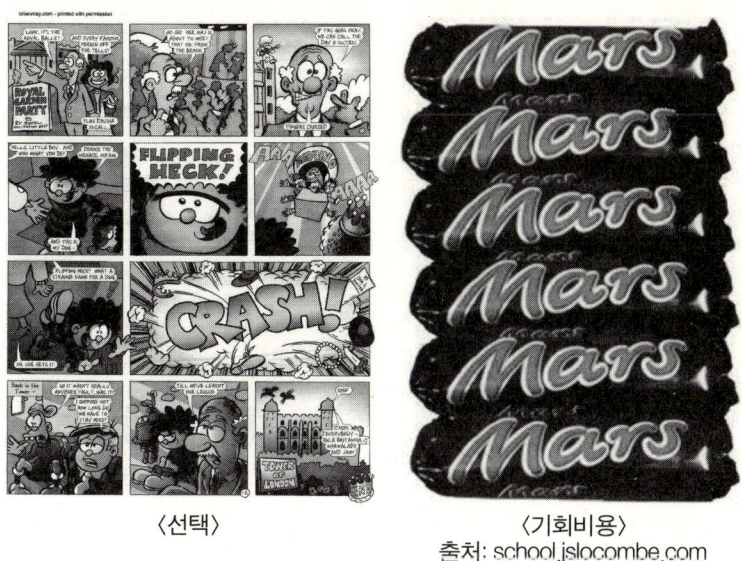

〈선택〉　　　　　　　　　〈기회비용〉

〈예〉 개인과 기업 그리고 정부의 기회비용

생산요소아 원재료는 항상 충분하지 않다. 따라서 사람이나 기업들은 항상 특정한 방법으로 선택을 해야만 한다. 선택을 하였을 때 거기에는 항상 잃어버린 기회가 있다. 이것을 우리는 기회비용이라 부른다(*Factors of production and raw materials are in limited supply. Humans and businesses therefore must choose to use them in a particular way. When a choice is made there is always a lost opportunity. This is called the opportunity cost. To explain this, read the case study below:).*

school.jslocombe.com

2. 자본비용 결정요인

자본비용은 자금이 필요한 기업과 투자자들 사이의 여러 변수에 의해 결정된다.

투자자의 시각에서 자본비용은 여러 가지 요구조건들이 포함된 수치이다. 기업에 자금을 대여하는 투자자들은 다른 대체투자의 수익률에 버금가는 이익을 기대하게 된다. 즉, 자신의 대체 투자안에서 얻을 수 있는 기회비용과 상대기업의 신용도, 자금회수시 기업의 유동성, 회수 방법의 난이도, 투자기간 중 대여자금에 관한 정보 등에 따라서 요구하는 수익률이 달라질 수 있다.

기업의 시각에서는 투자자가 요구하는 수익률과 더불어 차입금 탐색, 심사 등 차입과정에서 발생한 모든 비용이 포함되어 요구수익률이 된다. 따라서 같은 프로젝트내에서도 투자자와 기업의 요구수익률은 반드시 같다고 할 수 없다.

기업은 경영수익의 적정화를 위해서는 유리한 투자처 발굴과 투자기법의 적용도 중요하지만, 투자금에 대한 차입비용을 낮추는 것이 보다 여유로운 투자가 이루어지는 방법이다. 한 프로젝트의 예상수익률에서도 자본비용이 낮은 기업이 더 많은 투자대안을 선택할 수 있다. 그리고 추가적인 수익률을 기대할 수도 있다.

재무담당자 측면에서 보면 여러 자금의 원천 중에서 합리적으로 선택한 투자자금에 대해서는 최소한 그 자금의 투자자가 요구하는 수익률을 달성하여야 한다. 이러한 요구 수익률이 기본적인 자본비용인데, 간단히 설명하면 빌려 쓴 자금에 대해 투자자에게 지불하여야 할 사용료라 할 수 있다.

대외적으로 한 기업의 자본비용은 그 기업의 신용도를 측정하는 지표로 활용된다. 기업경영이 건전하고 재무 평가가 좋은 기업은 상대적으로 낮은 비용으로도 자본을 차입할 수 있기 때문이다. 이러한 자본비용은 단순히 하나의 차입에만 적용되는 것이 아니라 기업전반의 투자프로젝트에 영향을 끼치게 된다. 그리고 기업이 발행하는 모든 채권이나 어음의 할인률과도 직결되어 있다. 재무 신용도가 낮은 기업은 자본비용이 높으므로 발행 채권의 할인률도 높아 채권의 가치를 낮게 만든다.

  기업의 자본비용은 투자프로젝트에서 발생하는 수익에도 영향을 끼친다. 같은 현금흐름에서도 자본비용이 높으면 내부수익률을 떨어뜨려 프로젝트의 순현재가치를 낮게 만들고 따라서 여러 대안투자를 무의미하게 할 수 있다. 다음의 예로 같은 현금흐름을 가진 프로젝트에 대해 두 기업의 자본비용에 따라 달라지는 수익률을 살펴 보자.

  〈예〉 Project A에서는 초기투자시점에서 $1,000,000이 투입된다. 그리고 1년 후부터 10년 동안 매년 $200,000의 수익이 발생한다. 그러면 자본비용이 3%인 The Rose Company와 자본비용이 6%인 The Sunflower Company의 순수익을 비교해 보자.

  1. The Rose Company (자본비용 3%)의 현재가

$$\$200,000 \times \frac{\frac{(1 + 3\%)^{10} - 1}{3\%}}{(1 + 3\%)^{10}} - \text{초기투자비용} \$1,000,000 = \$706,041$$

  2. The Sunflower Company (자본비용 6%)의 현재가

$$\$200,000 \times \frac{\frac{(1 + 6\%)^{10} - 1}{6\%}}{(1 + 6\%)^{10}} - \text{초기투자비용} \$1,000,000 = \$472,017$$

  따라서 The Rose Company의 수익이 49.58% 높다.

3. 자본의 원천

자본은 기업을 신설하거나 기존기업에서 새로운 사업을 시작할 때 필요한 자금이다. 기업이 필요한 자금을 조달하는 방법은 두 가지로 나눌 수 있는데, 기업내부에서 조달하는 방법과 기업외부에서 조달하는 방법이 있다.

1) 기업내부조달

기업내부에서 조달하는 방법은 크게 세 가지가 있다.

(1) 첫째, 매출순익에 대한 주주들의 배당을 줄이고, 남은 자금을 사용하는 것이다. 이 자금을 재적립금retained earnings 혹은 이익 잉여금, 사내유보금이라고 한다. 대체로 기업들은 성장을 위해 주주들에게 이익을 분배하기보다 재적립을 원한다. 이 점이 주주총회에서 임원진과 주주들간의 논쟁이 되는 부분이기도 하다. 따라서 장벽이 존재하는 자금조달방법이다.

(2) 그 다음으로는 기업의 자산을 매각하여 현금화하는 방법이다. 이 방법은 주주나 채권자들의 간섭을 덜 받는 장점이 있지만, 기업경영에 필요한 고정자산이나 유동자산을 희생시킨다는 측면에서 장기적으로 손실이나 경쟁력 약화를 초래할 수 있다. 물론 잉여 고정자산을 보유하고 그 자산들이 적정시장가격인 기업들에게는 매우 바람직한 방법으로 볼 수 있다.

(3) 마지막으로, 기업내부에서 현금이 적립되어 있는 또 다른 곳은 감가상각분이다. 감가상각을 하는 목적은 기계장비 등의 고정자산이 시간과 사용에 따라 마모나 손상이 되므로 회계장부상 정확한 시장가치를 반영하고 또한 감가상각분은 이익에서 비용으로 공제가 되므로 순이익을 줄이는 역할을 하여 세금혜택을 받을 수 있다.

이렇듯 고정자산에 대한 감가상각으로 기업내에 현금이 적립되는데, 마모되어가는 기계장비 등을 교환하기 위해 적극적으로 재구매하기 위해 기업이 따로 모아두는 돈을 감가상각적립금Funded Depreciation[29]이라고 한다.

기업들의 투자에 필요한 내부조달자금이 충분하면 외부로부터 자금을 조달하지 않아도 된다. 재무측면에서 보면 내부조달자금은 외부조달자금과의 사이에서 선택이 가능하다는 점에서 보면 기회비용과 같은 개념이 적용되어야 한다.

하지만 만약 기업의 매출이 저하되어 현금이 부족하거나 광고나 다른 프로젝트로 인해 내부자금이 부족하다면 외부로부터 자금을 조달 할 수 밖에 없다.

2) 기업외부조달

자본의 외부조달방법은 크게 두 가지로 나눈다. 그 중 하나는 자금을 빌려오는 방법이다. 자금을 빌려오는 방법에도 크게 두 가지가 있다.

(1) 자금이 필요한 사업부나 프로젝트에 대한 설명회를 개최하여 투자안에 관심을 보이는 투자자들로부터 직접적으로 자금을 조달받는 방법이다. 이 방법은 짧은 시간내에 투자자들을 모집하고 자금을 조달할 수 있는 장점이 있는 반면 투자안의 성공여부는 기업의 신용도 및 경영능력과는 상관관계가 낮은 개별프로젝트이므로 설명회에서 투자자들을 설득하지 못할 경우 자금조달이 어려워지고, 기업 이미지에 손상을 줄 수도 있다.

따라서 투자안의 미래현금흐름이 명확하다면 재무담당자는 다른 자본원천을 찾아야 하나, 그렇지 못한 경우 다수의 객관적 의견이므로 투자포기를 고려할 필요도 있다.

---

29) Funded depreciation is a fixed asset management method that helps a company set aside funds to renew machinery and equipment that it uses in operating activities. For instance, a company buys a new truck valued at $100,000 and records $10,000 in annual depreciation expense over 10 years. Every year, the company will set aside $10,000 so that it will be able to buy another truck after 10 years. ⟨www.ehow.com⟩

(2) 기업이 지급을 보증하는 채권을 발행하는 방법이 있다. 채권이자율은 계획하고 있는 개별프로젝트의 위험보다 기업의 신용도에 따라 이자율이 정해지고, 만기일도 정해진다. 따라서 이 방법은 프로젝트설명회에서 자본을 조달하기 어려운 이유들이 있는 경우 불특정다수의 투자자로부터 조달하는 방법이다. 부채는 다른 사람들의 자금을 자본으로 사용한다고 하여 타인자본이라고도 부른다.

부채나 채권에 대한 이자율은 손익계산서 작성시 이익에 대한 이자비용 공제가 가능하므로 실제 지급되는 이자보다 낮게 차입하는 효과가 있다. 이는 다음의 가중평균자본비용WACC에서 설명된다.

(3) 필요한 자금을 자본화하는 방법이 있다. 신설법인으로 신주를 발행하거나 기존기업에서 신주를 발행(증자) 매각하여 타인의 자금을 자본화하는 방법이다. 이 방법은 투자프로젝트가 성공하였을 경우 모든 수익을 그 기업이 갖게 되고, 실패시에도 변제해야 할 부채가 없다. 투자실패의 위험은 주주들에게 주가하락으로 전가된다. 따라서 경영진은 채권자들의 직접적 경영간섭에서 벗어나 보다 자유롭게 주식발행대금인 자본을 운영할 수 있다.

〈표〉 자본원천과 조달

자본원천	조달방법	자금지원자
기업내부조달	재적립금 자산매각 감가상각분	임원진(주주총회) 자산구입자 회계절차 및 규정
기업외부조달	부채 채권발행 주식발행	프로젝트투자자 채권매입자 신주공모자

4. 현금흐름과 자본원천

현금흐름cash flow[30]은 주로 기업의 단기 재무상태와 부채변제능력을 나타낸다는 점에서 중요하게 관찰하고 조정해야 하는 부분이다. 기업 전체에서 현금이 유입되고 유출되는 항목이 있는 것이 아니라 개별적 회계항목들의 수치변화가 전체 현금흐름을 변화시킨다.

가령 같은 기간에 동일 가치만큼의 완제품 재고가 줄고, 원재료 재고가 늘어났다면, 완제품판매로 인한 현금유입과 원재료 구매에 쓰여진 현금유출이 서로 상쇄되어 전체현금흐름에는 영향을 끼치지 않는다.

자본의 원천을 찾기 위해서 재무담당자들은 다음의 재무상태표에서 현금을 유입 혹은 유출시키는 개별 항목의 변화를 살펴 자금을 찾아야 한다.

---

[30] **Cash flow** is the movement of money into or out of a business, project, or financial product. It is usually measured during a specified, finite period of time. Measurement of cash flow can be used for calculating other parameters that give information on a company's value and situation. 〈www.wikipedia.com〉

재무상태표와 현금흐름
the Sources and Uses of Funds Based on Selected Statement of Financial Position

회계항목	2012년 3월 March, 2012			
	Mar.27	Mar.28	발생Source	사용Use
현금 및 현금성자산 Cash & Equivalents	700	900		
유가증권 Marketable Securities	500	200	300	
미수금 Accounts Receivables	300	200	100	
재고 Inventories	400	800		400
기타 유동자산 Other Current Assets	700	900		200
총유동자산 **Total Current Assets**	**2,600**	**3,000**		**400**
유형자산 Property & Equipment	1,000	1,200		200
총자산 **Total Assets**	**3,600**	**4,200**		**600**
매입채무 Account Payable	300	900	600	
미지급비용 Accrued Expenses	200	100		100
기타 단기부채 Other Current Liabilities	300	700	400	
총유동부채 Total Current Liabilities	**800**	**1,700**	**900**	
장기부채 Long-Term Debt	200	100		
총부채 **Total Liabilities**	**1,000**	**1,800**	**800**	
보통주자본금 Common Stock	2,000	3,000	1,000	
자본잉여금 Additional Paid-In Capital	1,000	1,500	500	
이익잉여금 Retained Earnings	1,500	2,000	500	
총자본 **Total Equity**	**4,500**	**6,500**	**2,000**	
총부채와 자본 **Total Liabilities & Equity**	**5,500**	**8,300**	**2,800**	

5. 가중평균자본비용

앞에서 설명한 바와 같이 자본비용은 부채의 경우 자금탐색 및 유치비용과 채권자에게 직접 지급하는 이자비용의 합이다. 따라서 개별 차입금에 대한 자본비용은 동일기업이 차입한다 하더라도 상이한 자본출처, 투자자 그리고 시장환경변수에 따라 항상 같을 수 없다.

따라서 기업의 객관적 신용지표가 되는 자본비용의 산출은 전체자본비용 대비 전체차입금으로 계산할 수 있다. 즉, 여러 자본원천에서 발생하는 각각의 요구수익률을 전체대비 차입자금의 비중으로 계산하여 외부자금의 요구수익률을 단일화한 값을 가중평균자본비용Weighted Average Cost of Capital, WACC[31]이라고 한다.

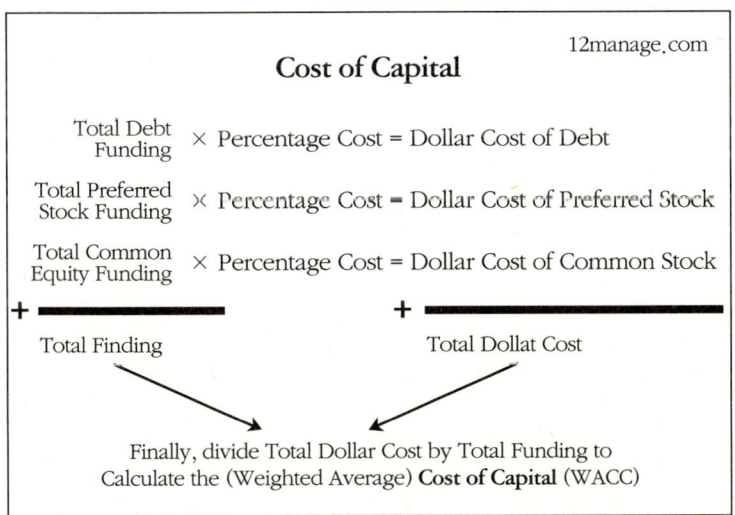

---

31) **WACC** The Weighted Average Cost of Capital is the rate of return that must be earned on assets in order to provide an expected return to all suppliers of funds equal to what they could expect from alternate investment opportunities of equal risk. This required return is an average of the required returns for the various sources, weighted according to the proportion of total capital raised from each source.

다음 예에서 자본비용을 산출하여 보자.

〈예〉(주)독도항공은 독도와 울릉도간의 항로개설을 위해 독도에 민간헬기장을 건설하기로 하였다. 총 100억원의 자본이 필요한 이 프로젝트를 위해 채권 50억원과 우선주 10억원 그리고 보통주 40억원으로 증자에 성공하여 100억원의 신규자본을 마련하였다. 개별 요구수익률은 각각 6%, 7%, 8%이다. 그리고 이 기업의 법인세율은 40%이다.

(주)독도항공 가중평균자본비용 WACC

자금원천	차입금액	비중	요구수익률	수익률비중
채권	5,000,000,000	.50	6%	3.00%
우선주	1,000,000,000	.10	7%	0.70%
보통주	4,000,000,000	.40	8%	3.20%
				WACC = 6.90%

그리고 채권이자에 대해서는 기업의 세전수익에서 공제할 수 있는 항목이므로 실제 요구수익률은 그 만큼 낮아진다. 따라서 (주)독도항공이 수익이 발생한 경우의 가중평균자본비용은 다음 식에 의해서 계산된다.

$$WACC = rD(1 - Tc) \times \frac{D}{V} + rE\frac{E}{V}$$

이 식을 〈예〉에 맞게 풀이하면

$$채권요구수익률(1 - 법인세율)\frac{채권액}{신규자본} +$$

$$우선주요구수익률\frac{우선주증자액}{신규자본} +$$

$$보통주요구수익률\frac{보통주증자액}{신규자본} =$$

$$6\%(1-40\%)\frac{50억원}{100억원} + 7\%\frac{10억원}{100억원} + 8\%\frac{40억원}{100억원} = 5.70\%$$

Weighted by the proportion of debt and equity in the capital structutre

$$WACC = E/(D+E)) K_E (D/(D+E)) K_D (1-t)$$

　기업들에게 자본비용은 어떤 의미가 있으며 효율적인 자본비용관리를
위해 재무담당이사나 재무담당자들의 역할을 생각하여 정리해 보자.

7. 자본예산

1. 자본예산 정의

자본예산[32]을 짧게 정의하면 '투자가치판단' 이다.

종교단체 등의 비영리기업이나 수익의 2/3 이상을 사회를 위한 공공목적에 재투자하는 사회적 기업 등을 제외한 전통적 기업들은 수익을 창출하기 위해 설립되었다. 따라서 투자가 이루지지 않은 수익은 존재할 수 없으

---

[32] **Capital Budgeting** The process in which a business determines whether projects such as building a new plant or investing in a long-term venture are worth pursuing. Oftentimes, a prospective project's lifetime cash inflows and outflows are assessed in order to determine whether the returns generated meet a sufficient target benchmark. Ideally, businesses should pursue all projects and opportunities that enhance shareholder value. However, because the amount of capital available at any given time for new projects is limited, management needs to use capital budgeting techniques to determine which projects will yield the most return over an applicable period of time. 〈www.investopedia.com〉

므로, 모든 기업들은 존속을 위해서는 반드시 투자가 이루어져야 한다.

자본예산은 경영자와 재무담당자들이 여러 투자대안에 대해서 수익률과 위험을 고려하여 투자가치를 계산하고 투자여부를 판단하는 일이다. 예를 들면 공장을 신설하거나 장기프로젝트에 투자한 후의 현금흐름을 현재시점에서의 투자액과 비교하여 수익이 충분한지를 판단하거나, 다른 유사프로젝트와 비교하여 수익이 상응하는지도 판단할 수 있다.

궁극적으로 자본예산의 목적은 투자를 통한 수익창출로 주주들의 부를 증대시키는데 있다. 그리고 투자액은 항상 한정되어 있으므로 최적의 수익률을 기대할 수 있는 투자기법과 경영기법을 사회의 법규와 윤리적 테두리 안에서 사용하여 투자를 시행해야 한다.

2. 투자대상

자본을 투자하는 방법은 현금성 자산이 생성되는 금융투자 뿐만 아니라 물적투자와 무형투자로 나눌 수 있다.

금융투자는 기업 내의 여유자금을 수익성은 낮지만 비교적 안정성 자산인 정기예금이나 적금 등의 저축성 예금, 국채 지방채 회사채 등의 채권 기타 고위험군인 주식, 선물, 펀드 등에 투입하는 것이다. 현금흐름에 따른 자금의 필요시기에 따라 투자처를 조절할 수 있다.

물적투자는 토지나 건물, 공장신설 등 유동성이 낮은 장기성 자산에 투자하거나, 기계장비 등의 유형자산에 투자하는 일이다.

무형투자는 경영노하우know-how나 지적자산, 기술개발후의 특허, 사원훈련기법 그리고 프랜차이즈franchise 등을 들 수 있다. 무형투자는 미래의 현금흐름이 매출액 증가난 비용감소 등 유형으로 나타날 수도 있지만, 안전사고 감소, 직원만족도 증가 등 현금흐름과 무관한 무형으로 나타나기도 한다.

그리고 기본저인 투자방법은 전략적strategic투자와 전술적tactical투자로 나눌 수 있다. 전략적 투자는 기업이 경쟁시장에서 우위를 점하거나 시장 점유율 확대를 위해 전번적인 경영전략을 세우거나 새로운 상품이나 영역에 투자함을 의미한다. 전술적 투자는 이러한 투자전략을 효과적으로 수행하기 위한 구체적인 하위기법들이다.

3. 투자평가방법

1) 산술수익률 Arithmetic Return

산술적 수익률 계산은 현가와 종가를 적용하지 않고 가장 간단하게 계산하는 방법이다. 투자대비수익률을 계산하는 ROI, Return on Investement와 유사한 평가방법으로 한 번의 투자와 한 번의 수익이 이루어지는 투자에서 근사값으로 평가하는 방법이다.

이 수이률에는 자연스럽게 투자는 현가 그리고 수익률은 종가로 계산히였으므로 할인률이 포함되지 않았다. 따라서 실제가치는 산술수익률보다 할인률만큼 낮다.

〈예〉 다음 식에서 100을 투자하여 일정기간 후에 수익이 120일 때 산술수익률은 20%이다.

$$Rarith = \frac{Vf - Vi}{Vi} = \frac{120 - 100}{100} = 20\%$$

2) 산술평균수익률 Arithmetic average rate of return

산술평균수익률은 여러 투자에서 발생하는 개별 산술수익률을 합하여 평균값을 산출한 수익률이다. 단, 산술평균수익률에서는 투자액의 규모를 고려하지 않은 수익률계산법이므로 유의해야 한다. 또한 평균수익률에 대한 표준편차는 투자평가시 따로 계산하여 평가하여야 하는 단점이 있다.

산술평균수익률은 다음의 식과 같이 산술수익률을 합하여 평균한 값이다.

$$\bar{r}_{arithmetic} = \frac{1}{n}\sum_{i=1}^{n} r_{arith,i} = \frac{1}{n}(r_{arith,1} + \cdots + r_{arith,n})$$

〈예〉 프로젝트 3건의 투자액이 각각 100, 200, 300이고, 일정기간 후 각각 200, 300, 400일 때의 산술평균수익률을 구하면 다음과 같다.

$$산수평균수익률 = \frac{1}{3}(\frac{200-100}{100} + \frac{300-200}{200} + \frac{400-300}{300}) = 61.11\%$$

3) 기하평균수익률 Geometric average rate of return

기하평균수익률은 실질시간가중수익률True Time-Weighted Rate of Return 이라고도 부르는데, 이는 산술수익률에 대해 연평균수익률로 환산한 수익률이다.

$$\bar{r}_{geometric} = \left(\prod_{i=1}^{n}(1 + r_{arith,i})\right)^{1/n} - 1$$

〈예〉 사업기간이 2년인 프로젝트 A의 산술수익률이 20% 그리고 사업기간이 3년인 프로젝트 B의 산술수익률이 30%일 때, 각 프로젝트의 기하평균수익률은 다음과 같다.

프로젝트 A의 산술수익률 = $(1 + 20\%)^{1/2} - 1 = 9.54\%$

프로젝트 B의 산술수익률 = $(1 + 30\%)^{1/3} - 1 = 9.14\%$

4) 순현재가치

순현재가치Net Present Value, NPV[33])는 투자로 인해 미래에 발생하는 현금흐름을 각각 현재가로 할인하고, 그 합에서 초기투자금의 현재가를 차감한 금액이다. 순현재가치는 최근에 Net Present Worth, NPW라고도 부른다. 순현재가치NPV는 투자수익계산에서 가장 기초적으로 확인해야 하는 계산이다.

순현재가치는 투자의 가치를 결정하는 가장 단순한 개념이다. 수익에서 비용을 차감한 NPV는 이론적으로 그 값이 양(+)이면 투자가치가 있고, 음(-)이면 투자가치가 없다고 결정한다.

순현재가치를 식으로 표시하면 다음과 같다.

$$NPV = PV - Invetment$$

---

33) **Net Present Value, NPV** In finance, the net present value (NPV) or net present worth (NPW) of a time series of cash flows, both incoming and outgoing, is defined as the sum of the present values (PVs) of the individual cash flows of the same entity. In the case when all future cash flows are incoming (such as coupons and principal of a bond) and the only outflow of cash is the purchase price, the NPV is simply the PV of future cash flows minus the purchase price (which is its own PV). NPV is a central tool in discounted cash flow (DCF) analysis, and is a standard method for using the time value of money to appraise long-term projects. Used for capital budgeting, and widely throughout economics, finance, and accounting, it measures the excess or shortfall of cash flows, in present value terms, once financing charges are met. ⟨en.wikipedia.org⟩

순현재가치는 산술수익률과 유사하지만 산술수익률은 투자 대비 성과로 수익이 %로 표시되는 반면, 순현재가치는 투자금액과 이익금액으로 표시된다.

따라서 자본예산시 재무담당자는 산술수익률과 더불어 순현재가치도 함께 고려해야 한다. 왜냐하면 수익률은 높으나 절대금액이 미미하게 되면 투자가치가 없고, 수익률은 낮으나 절대금액이 크면 투자를 신중히 고려해야 하기 때문이다.

NPV를 산정하는데 가장 영향을 끼치는 변수는 미래현금흐름에 대한 할인률이다. 아무리 미래 수익이 크다고 하더라도 할인률이 크면 저평가되기 때문이다. 할인률의 크기는 투자기간 동안의 인플레이션, 이자율 등 시장변수 그리고 위험이나 회수 등 투자개별변수에 의해 좌우된다. 그러므로 NPV를 이용하여 정확한 투자가치를 산정하기 위해서는 적절한 할인률 산출이 선행되어야 한다.

또한 투자기간이 길수록 불확실성도 높아지므로, 이를 반영하는 위험 프리미엄risk premium을 할인률에 더하여야 한다. 그리고 연간 투자가치를 측정할 경우, 앞에서 설명한 연간 수익률인 내부수익률IRR을 동시에 고려하여야 한다. NPV의 값이 양(+)이라 할지라도 투자대비 이익액의 규모가 고려되어야 하기 때문이다.

〈예〉 초기투자금 2억불이 필요한 프로젝트의 현금흐름은 매년 말 5천만불씩 5년간 발생한다고 한다. 할인률이 각각 5.00%, 7.93%, 10.00%일 때 이 투자의 순현재가치를 만불 단위로 계산하여 보자.

5%일 때:

$$NPV = PV - I = 5천만불 \frac{\frac{(1 + 5\%)^5 - 1}{5\%}}{(1 + 5\%)^5} - 2억불 = 약 1,647만불$$

<u>7.93%일 때:</u>

$$NPV = PV - I = 5천만불 \frac{\frac{(1 + 7.93\%)^5 - 1}{7.93\%}}{(1 + 7.93\%)^5} - 2억불 = \$0$$

<u>10%일 때:</u>

$$NPV = PV - I = 5천만불 \frac{\frac{(1 + 10\%)^5 - 1}{10\%}}{(1 + 10\%)^5} - 2억불 = 약 -1,046만불$$

〈예〉 2회 이상의 현금흐름을 가진 다른 투자의 NPV를 구해 보자.

모 기업에서 업무용 항공기를 구매할 경우의 현재가는 600만 불이며 6년 후 진존가치는 100민 불이다. 다른 힝공사를 이용힐 경우에는 매년 100만 불씩 지출된다. 이 기업은 항공기를 구매하여야 하는지 판단해 보자. 단, 이 기업의 요구수익률은 5%이다.

$$100만불 \left[\frac{\frac{(1 + 5\%)^6 - 1}{5\%}}{(1 + 5\%)^6} + \frac{1}{(1 + 5\%)^6} \right] - 2억불 = 약 -17.82만불$$

이 식의 현금흐름을 표에서 제시하면 다음과 같다.

기간	현금흐름 ($만)	5% 할인지수	현금흐름의 현재가 ($만)
현재	−600	1.0000	−600.00
1년 후	100	0.9524	95.24
2년 후	100	0.9070	90.70
3년 후	100	0.8638	86.38
4년 후	100	0.8227	82.27
5년 후	100	0.7835	78.35
6년 후	100	0.7462	74.62
6년 후	100	0.7462	74.62
NPV = PV−I = 582.18만불 − 600만불 = 17.82만불			

5) 내부수익률

내부수익률[34]도 자본예산에서 투자이익을 측정하거나 비교할 때 사용되는 계산식이다. 내부수익률은 어떤 투자에서 발생하는 미래 수익의 합을 할인하면 초기투자금액과 같다고 할 때 그 할인률이 내부수익률이 된다.

그리고 미래에 발생하는 수익은 종가이지만 투자금 상당의 현가로 전환하기 위해 할인하였으므로 수익률과 같은 의미가 된다. 따라서 투자의 순현재가치NPV를 0으로 만드는 역할을 한다.

한 예로 초기투자금액이 1,000,000원이고 연간수익이 300,000원씩 5년간 지속된다면, 현재의 1,000,000과 미래의 5년간 300,000원씩의 현금흐름과 그 가치가 같게 만드는 이자률이다.

가치있는 투자가 되기 위해서는 내부수익률이 요구수익률보다 커야한다. 왜냐하면 자선이나 비영리투자가 아닌 모든 투자는 예상수익률(내부수익률)이 자본비용(요구수익률)보다 높아야하기 때문이다.

요구수익률은 투자하한률Cutoff rate 혹은 허들률Hurdle rate이라고도 부르고, 투자자는 내부수익률이 목표수익률Target rate이 되기 위해 투자한다.

2년 이상의 일정한 현금흐름에 대한 내부수익률 계산은 단순계산기로는 어렵다. 만약 현금흐름기간이 5년이면 5차방정식, 7년이면 7차방정식이

---

34) **The internal rate of return (IRR)** is a rate of return used in capital budgeting to measure and compare the profitability of investments. It is also called the discounted cash flow rate of return (DCFROR) or the rate of return (ROR). In the context of savings and loans the IRR is also called the effective interest rate. The term internal refers to the fact that its calculation does not incorporate environmental factors (e.g., the interest rate or inflation). 〈en.wikipedia.org〉

생성된다. 따라서 다음 중 하나의 방법을 이용하여 계산할 수 있다. 편리한 순서대로 보면;

(1) 재무용 계산기
(2) Excel 등 Spreadsheet을 이용한 Trial & Error 방법
(3) 수학전문프로그램인 Mathematica
(4) 계량경영기법 등이 있다.

다음 두 사례에서 내부수익률을 계산해 보자.

〈예〉 Indonesia Tour & Company는 500만 불짜리 유람선을 섬 관광에 투입하면 일 년 후부터 7년간 연간 100만 불씩 세후 순수익을 거둘 수 있는 것으로 분석되었다. 그리면 500불짜리 유람선투자의 연간수익률은 얼마인지 계산해 보자.

$$\$5,000,000 = \$1,000,000 \times \frac{\frac{(1 + IRR)^7 - 1}{IRR}}{(1 + IRR)^7} \text{ 에서}$$

IRR = 9.1961%

Spreadsheet으로 풀이하는 방법을 간단히 설명하면

(1) 셀 A1 을 IRR 셀로 지정하고,

(2) 따라서 수식 $\dfrac{\frac{(1 + IRR)^7 - 1}{IRR}}{(1 + IRR)^7}$ 에서 IRR 대신에 +A1을 삽입하여 이 식을 셀 +A2 에 투입한다.

(3) 셀 +A1에 내부수익률 근사치를 투입한 후 셀 +A2의 산식이 $5,000,000/$1,000,000 즉 5가 될 때까지 반복적으로 내부수익률을 변경한다. Trial & Error 기법으로 생각보다 빨리 수익률을 찾을 수 있다.

6) 이익지수

이익지수Profitability Index[35]는 투자 후 발생하는 현금흐름의 현재가의 합을 초기투자금액으로 나눈 값이다. 내부수익률과 유사한 값을 가지지만, 이익지수는 각기 다른 크기의 현금유입도 계산할 수 있는 장점이 있다.

$$\text{이익지수 } PI = \frac{\text{미래수익합의 현재가 } PV\ of\ Future\ Cash\ Flows}{\text{초기투자금액 } Initial\ Inverstment}$$

지수는 1을 초과할수록 투자의 가치나 수익성이 높아진다는 의미이다. 1 보다 작아질수록 투자원금에서 멀어지는 투자가치를 의미하므로 다른 투자를 고려해야 한다. 물론 이익지수가 1 보다 큰 프로젝트라도 NPV 등 다른 기준을 고려하여 투자자가 판단한다.

〈예〉 초기투자가 $10,000이 투입되고, 그후 3년간 매년 말 $3,000 $4,000 $5,000의 현금수익이 발생하는 사업이 있다. 이 기업의 요구수익률이 8%일 때와 10%일 때의 이익지수를 산출하고 투자가치를 판단해 보자.

다음의 표와 같이 할인률이 8% 일 때는 이익지수가 1 보다 0.0176 크므로 투자가치가 있으나, 할인률이 10%일 때는 1 보다 작으므로 투자가치가 없다고 판단한다.

---

35) **Profitability Index** An index that attempts to identify the relationship between the costs and benefits of a proposed project through the use of a ratio calculated as: PV of Future Cash Flows / Initial Investment. A ratio of 1.0 is logically the lowest acceptable measure on the index. Any value lower than 1.0 would indicate that the project's PV is less than the initial investment. As values on the profitability index increase, so does the financial attractiveness of the proposed project. 〈www.investopedia.com〉

년	수익	8% 할인률	8% 현가	10% 할인률	10% 현가
1	3,000	.9259	2,778	.9091	2,727
2	4,000	.8573	3,429	.8264	3,306
3	5,000	.7938	3,969	.7513	3,756
			10,176		9,789

$$\text{이익지수} \quad \frac{\$10,176}{\$10,000} \qquad \frac{\$9,789}{\$10,000}$$

$$= 1.0176 \qquad\qquad = .9789$$

7) 투자원금회수기간

투자원금 회수기간payback period[36]은 다음 식과 같이 투자원금이 몇 년 후에 회수되는가를 계산하는 것이다.

$$\text{투자원금회수기간} = \frac{\text{프로젝드비용 } Cash\ of\ Project}{\text{연간현금유입액 } Annual\ Cash\ Inflows}$$

이 방법은 투자원금이 회수되는 기간을 간단하게 나타내어 투자자들의 판단을 용이하게 할 수 있다. 투자자들은 원금회수기간이 긴 것보다 짧은 것을 선호할 것이다.

하지만 이 식의 문제점으로는

---

[36] **Payback period** in capital budgeting refers to the period of time required for the return on an investment to "repay" the sum of the original investment. For example, a $1000 investment which returned $500 per year would have a two year payback period. The time value of money is not taken into account. Payback period intuitively measures how long something takes to "pay for itself." All else being equal, shorter payback periods are preferable to longer payback periods. Payback period is widely used because of its ease of use despite the recognized limitations described below. ⟨en.wikipedia.org⟩

(1) 원금회수시점 이후의 수익흐름을 알 수 없다.

(2) 종가에 대한 할인률을 적용하지 않아 회수자금의 시간가치를 알 수 없으므로 회수액이 과대계상되어 있다.

(3) 그리고 수익이 투자기간 동안 균등하게 생성된다는 비현실적인 가정이 포함되어 있다.

〈예〉 5,000만 불이 투입되는 프로젝트의 연간 수익률은 300만 불이다. 이 프로젝트의 투자원금회수기간을 계산해 보자.

$$\frac{\$50,000,000}{\$3,000,000} = 16.67년$$

〈예〉 투자금액의 현가가 5만 불인 생산설비를 설치하면 매년 7,000불의 추가수익을 올릴 수 있다. 이 생산설비의 원금회수기간을 계산해 보자.

연수	수익현금흐름 cash inflow	누적현금흐름 accumulated cash inflow
1	7,000	7,000
2	7,000	14,000
3	7,000	21,000
4	7,000	28,000
5	7,000	35,000
6	7,000	42,000
7	7,000	49,000
8	7,000	56,000
.	.	.
.	.	.

이 〈예〉의 이론적 원금회수기간은 $50,000 / $7,000 = 7.1429년 (7년 + 52일)이다. 현실적으로는 만약 연간결산기준이라면 원금회수기간은 8년이 된다. 또한 월기준으로 결산을 한다면 7년 2개월이 된다.

8) 민감성 분석

민감성 분석Sensitivity Analysis[37])이란 한 변수의 변화가 다른 변수에의 변화크기를 산출하는 과정이다. 미래수익 현금흐름에서 불확실한 미래의 할인률을 일정한 값으로 투입하기보다는 확률적으로 발생빈도가 높은 여러 할인률을 제시하여 순현재가치의 변화를 측정하는 투자분석방법이다.

〈예〉 초기투자액은 $4,000로 같은데 다음과 같이 연간 현금흐름수익이 다른 투자 Ace와 Bee가 있다고 하자.

Ace : $1,000, $2,000, $3,000

Bee : $3,000, $2,000, $1,000

할인률이 10%에서 12%로 증가할 때 이 두 투자의 민감성을 측정하여 보자.

먼저 두 투자의 NPV를 구하면 다음과 같다.

Ace NPV

년	수익	10% 지수	10% 현가	12% 지수	12% 현가
1	$1,000	.9091	909	.8929	893
2	$2,000	.8264	1,653	.7972	1,594
3	$3,000	.7513	2,254	.7118	2,135
	PV =		$4,816		$4,622
	NPV=		$816		$622

---

37) **Sensitivity Analysis** A technique used to determine how different values of an independent variable will impact a particular dependent variable under a given set of assumptions. This technique is used within specific boundaries that will depend on one or more input variables, such as the effect that changes in interest rates will have on a bond's price. Sensitivity analysis is a way to predict the outcome of a decision if a situation turns out to be different compared to the key prediction(s). 〈www.investopedia.com〉

Bee NPV

년	현금흐름	10% 지수	10% 현가	12% 지수	12% 현가
1	$3,000	.9091	2,727	.8929	2,679
2	$2,000	.8264	1,653	.7972	1,594
3	$1,000	.7513	751	.7118	712
	PV =		$5,131		$4,985
	NPV=		$1,131		$985

투자 Ace와 Bee의 민감성분석 비교

투자	10% NPV	12% NPV	민감도
Ace	816	622	−23.77%
Bee	1,131	985	−12.95%

 따라서 투자 Ace와 Bee를 비교하면 할인률이 10%에서 12%로 증가하였을 때, Ace는 순현재가치 NPV가 23.77% 하락하였으나, Bee는 12.95% 하락하는데 그쳤다. 따라서 투자 Bee의 현금흐름이 상대적으로 안정적이라 할 수 있다. 이 예에서 금액이 큰 수익이 현재가 방향으로 몰려 있음으로 인해 민감성 차이를 쉽게 알 수 있으나, 현금흐름액이 혼재되어 있는 투자는 계산 후에 알 수 있다.

4. 실물옵션

리얼옵션Real Option[38])으로도 일컫는 실물옵션은 1970년대 선물옵션가격모형이 정교해지면서 주목을 받기 시작한 이론이다. 실물옵션은 투자자가 프로젝트기간 전이나 중에 다양한 선택을 하는 권리를 의미하는 말이다. 물론 선물옵션프리미엄과 같은 비용을 다양한 형태로 지출해야 한다.

투자자들 측면에서 보면 수동적인 채권의 할인이나 프로젝트의 전망을 전제로 투자 후 소극적인 태도보다 프로젝트의 현금흐름을 향상시키기 위해서 단순히 받아들이는 투자에서 적극적으로 선택과 거절을 하는 투자행위를 의미한다. 이러한 실물옵션의 가치는 최초의 순현재가치NPV에 가중되어 수익을 증기시키거나 실패한 선택을 할 경우 감소시킬 수도 있다.

1) 확장옵션

확장옵션Option to Expand은 현재의 투자가 기대보다 많은 수익을 내고 있는 것으로 판단하는 투자자는 더 큰 현금흐름수익을 만들기 위해 추가투자를 시행하는 권리option를 행사exercise하는 것이다. 투자환경이 개선될 것으로 판단하여 추가투자를 시행하는 경우에도 의무가 아닌 투자자의 선택에 의한 권리이므로 옵션이자 콜옵션Call Option에 해당한다. 추가투자에는 더 많은 비용이 투입되는데 이것은 선물옵션의 프리미엄과 같은 의미이다.

---

38) **Real Option** An alternative or choice that becomes available with a business investment opportunity. Real options can include opportunities to expand and cease projects if certain conditions arise, amongst other options. They are referred to as "real" because they usually pertain to tangible assets such as capital equipment, rather than financial instruments. Taking into account real options can greatly affect the valuation of potential investments. Oftentimes, however, valuation methods, such as NPV, do not include the benefits that real options provide. 〈www.investopedia.com〉

2) 축소옵션

축소옵션Option to Contract은 확장옵션의 반대상황으로 투자를 축소하는 선택을 하는 옵션이다. 투자자의 판단으로 프로젝트의 미래가 점점 불확실하거나 불안전한 상황에서는 취약한 부분의 투자를 회수하는 권리이다. 투자부분을 매각하는 것과 같으므로 선물에서의 풋옵션Put Option과 같고 선해투자에서 발생한 비용이 지급된 프리미엄이다.

3) 전환옵션

전환옵션Option to Expand or Contract은 투자자가 활동적으로 확장옵션과 축소옵션을 사용하여 투자환경에서 발생하는 이익을 증대하는 권리이다. 불리한 여건에서는 기존투자를 축소하거나 폐쇄할 수도 있고, 유리한 여건에서는 확대하거나 신설할 수도 있는 투자의사결정 권리이다. 따라서 스위칭옵션Switching Option이라고도 한다.

4) 포기옵션

포기옵션Option to Abandon은 프로젝트의 현금흐름이 점차 악화될 때 잔존가치를 실현시키기 위해 영구히 철수하는 권리를 행사하는 것을 말한다. 특히 잔여현금흐름수익의 현재가가 잔존가치의 현재가에 미치지 못할 때 프로젝트를 매각한다. 자산매각이므로 풋옵션에 해당하며 만기 전 권리를 행사하는 미국식 옵션과 같다. Termination Option이라고도 한다.

5) 시기옵션

시기옵션Initiation or Deferment Option은 프로젝트를 시작하는 시점을 결정할 수 있는 권리로 Timing Option이라고도 한다. 투자환경이 호전되는 시기에 따라 프로젝트를 시작하거나 환경이 불리하면 투자시기를 연기하는 등 최적의 투자시점에서 자원을 투입하는 권리이다.

6) 배열옵션

배열옵션Sequencing Options은 하나 이상의 프로젝트가 존재할 때 투입의 유연성을 선택할 수 있는 권리이다. 예를 들어 시장환경이 유리하면 모든 투자가 함께 시작되는 병렬식Parellel 진출과 불확실한 시장에 하나의 투자를 시작하여 성과를 관찰한 후에 후속투자가 진행되는 직렬식 Sequentially 투자가 있다.

1. 투자에서 전략과 전술을 군대용어에서 유추하여 설명하여 보자.

2. 태국항공은 $100,000를 투입하여 사원안전교육프로그램을 실시하게 되면 10년간 연간 $10,000 가치의 재해를 방지할 수 있다고 한다. 할인률은 얼마인가? 투자가치는 있는가?

3. 다음 자본예산 단계를 읽어보고 구체적인 사례를 만들어 보자.

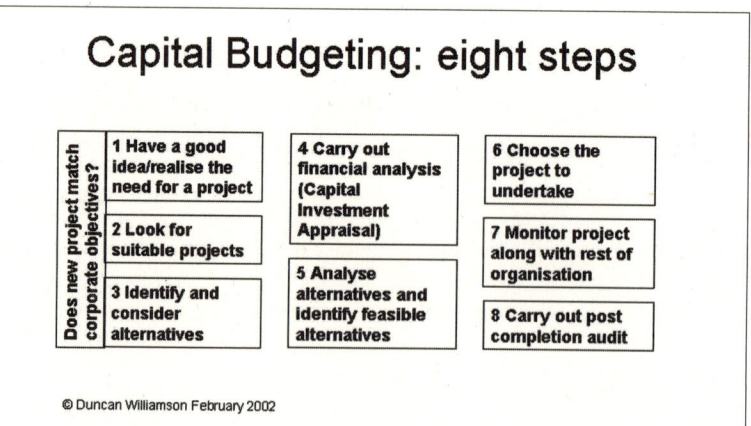

Capital Budgeting: eight steps

Does new project match corporate objectives?	1 Have a good idea/realise the need for a project	4 Carry out financial analysis (Capital Investment Appraisal)	6 Choose the project to undertake
	2 Look for suitable projects		7 Monitor project along with rest of organisation
	3 Identify and consider alternatives	5 Analyse alternatives and identify feasible alternatives	8 Carry out post completion audit

© Duncan Williamson February 2002

8. 자본구조

1. 자본구조의 정의

자본구조Capital Structure[39])는 단어 그대로의 뜻인 기업이 운용하는 자본이 어떻게 구성되어 있는가를 살피는 일이다.

자본구조의 요소는 장기부채와 단기부채 그리고 보통주와 우선주로 구성되어 있다. 따라서 크게 나누면 부채debt와 자본equity으로 구성된다. 이들은 재무상태표의 오른쪽이나 자산아래의 회계항목으로 표시되는데, 기업자본구조를 설명할 때 종종 제시되는 비율이 자본부채비율이다.

---

39) **Capital Structure** A mix of a company's long-term debt, specific short-term debt, common equity and preferred equity. The capital structure is how a firm finances its overall operations and growth by using different sources of funds. Debt comes in the form of bond issues or long-term notes payable, while equity is classified as common stock, preferred stock or retained earnings. Short-term debt such as working capital requirements is also considered to be part of the capital structure. 〈www.investopedia.com〉

$$자본구조 = \frac{부채\ Debt}{자본성\ 자산\ Capitalization}$$

　자본부채비율이 높은 기업은 항상 부채지불능력과 관련된 신용도를 평가받게 된다. 또한 누적부채에 따른 신용도 하락으로 자본 비용이 높아지는 현상도 있다. 하지만 어떤 경우에는 부채의 차입이 재무구조를 원활화하고, 차입금액에 대한 이자는 세금공제효과가 있으므로 주당 순이익의 증가로 이어진다.

2. 재무의 차입자본이용효과

　차입자금으로 인하여 자본비용인 요구수익률보다 높은 수익률을 실현하였을 때에는 주식을 발행하였을 때 보다 주당 순이익이 더 높아진다. 이러한 주당 순이익의 증가를 재무레버리지financial leverage 혹은 차입 자본 이용의 효과라고 한다. 자본구조의 예를 재무레버리지와 함께 예시하면 다음과 같다.

　〈예〉ABC 기업은 자본을 주식에만 의존하고 XYZ 회사는 주식과 부채 모두를 이용할 경우의 레버리지 효과를 보자. ABC 기업은 부채가 없으므로 이자지급에 대한 세금환급효과가 없다. 그러므로 세후 순수익을 발행주식수로 나누면 주당순이익은 $300와 $420가 된다. 수익이 40% 증가함에 따라 주당 순이익도 40% 증가하였다.

　XYZ 기업은 자본의 반은 채권발행으로 조달하고, 나머지는 주식발행으로 조달하였다. 채권이자에 대한 소득공제효과가 발생하여 세금을 적게 지불하였다. 또한 부채의 의무를 가지는 반면에 주당 순이익이 증가하였음을 알 수 있다. 특히 이익이 40% 증가할 때 주당 순이익은 세금효과로 41.67% 증가하였다.

차입자본이용효과financial leverage effect ($)

	ABC 기업 D/C = 0 %		XYZ 기업 D/C = 50%	
세전총이익(EBIT)	500,000	700,000	500,000	700,000
채권이자(10%)	0	0	20,000	20,000
세전수익	500,000	700,000	480,000	680,000
세금(40%)	200,000	280,000	192,000	272,000
순수익	300,000	420,000	288,000	408,000
발행주식 수	1,000	1,000	500	500
주당순이익(EPS)	**300**	**420**	**576**	**816**

ABC 기업의 총자본 = 400,000
XYZ 기업의 총자본 = 200,000 + (500주×400) = 400,000

3. 대리인 비용

기업의 특성을 나타내는 이론 중에서 계약이론contractual theory은 기업을 어떤 계약의 연계망a network of contracts으로 설명한다. 경영자, 근로자, 소유자, 채권자 등 기업의 참가자들은 여러 가지 조건하에서 실제적으로나 묵시적으로 자신들의 권리와 의무 그리고 보상이 결정되어 있다.

대부분의 참가자들은 제한적인 권리와 책임을 가지게 되나 소유주는 나머지 모든 위험을 감수하는 대가로 임금지불 후의 잉여 이익금 전부를 가지게 된다. 계약은 기업 내의 이해충돌을 줄이는 효과가 있으나 완전한 제거는 어렵다. 특히 소유와 경영이 분리된 기업은 소유자와 경영자 사이의 이해충돌이 항상 잠재되어 있다.

현대의 기업들은 소유주가 주주의 형태로 분산되어 있으므로 일상적인 경영과 기업의 통제권은 대리인의 자격으로 활동하는 전문경영인에게 있다고 할 수 있다. 경영인의 이러한 권한은 종종 소유주의 이익과 충돌하는 요인이 된다.

경영인이 소속기업의 주식을 적게 소유할수록 이러한 이해 충돌은 더 높게 나타난다. 구체적인 예를 들면 기업의 장기적 가치 극대화를 위해 노력하기 보다는 단기성과에 치중하거나 외형적으로 사치에 가까운 사무실, 고급 자동차, 장기간의 휴가일수, 과도한 출장비용책정 등을 선호하여 낭비가 발생하는 일 등이다. 대리인으로 인한 추가적인 비용이외에도 또 다른 대리인 비용으로 분류되는 비용은 다음과 같다.

(1) 경영인의 비윤리적 행위를 제한하기 위한 감독체계설치와 운영비용
(2) 경영인의 권한 남용이 발생하지 않도록 하는 여러 장치나 보증비용
(3) 경영인의 행위를 제한할 수 있는 조직구조변경비용 등이다.

전문경영인의 문제를 확대하거나 제재하기 위한 조치와 비용에 대해 다른 의견도 제시되고 있다. 그 이유로는 전문경영인들이 소유주인 주주들보다 기업의 상태나 특성을 잘 알고 있으므로 이들에 대한 제재는 곧 기업활동의 위축으로 연결되기 때문이다.

또한 기업의 성장을 지향하는 대주주들과는 달리 대부분의 주주들은 배당에 더 많은 관심을 가진다는 사실도 경영자의 권한을 제한하는 이유가 될 수 없다고 생각하기 때문이다. 근본적인 문제는 누가 더 기업을 위하고, 누가 더 기업을 성장시킬 수 있는가에 있다.

〈전문경영인 Agency〉

4. 파산비용

파산bankruptcy[40]은 기업이 설립목적을 이룰 수 없는 상황에서 선택하는 방법이다. 이론적으로는 파산으로의 선택이 부채비용과 부채에 대한 세제혜택을 비교하여 판단한다. 기업실패를 의미하는 대부분의 파산은 기업의 의무를 이행하기가 불가능할 때 발생한다. 그리고 기업실패가 항상 도산으로 직결되는 것은 아니다. 실패의 원인을 몇 가지로 나누면 다음과 같다.

1) 경제적 실패

경제적 실패economic failure는 경제적 간가의 상실로 인하여 기업의 총수입이 총비용을 감당하지 못할 때 발생한다. 즉 투자에 대한 수익성이 기업의 자본비용을 능가하지 못함을 의미한다. 또한 기대된 미래의 현금흐름이 예상보다 낮게 현실로 나타나는 경우도 포함된다. 하지만 경제적 감각economic sense을 정의하기는 매우 어렵다.

2) 재무적 실패

재무적 실패financial failure는 경제적 실패보다 비교적 구체적이고, 크게 두 가지로 정리할 수 있다. 첫째, 기업의 자산이 부채보다 많음에도 불구하고, 현재의 의무를 기한까지 이행하지 못하였을 때, 즉 채무불이행 등으로 인한 기술적 부도technical insolvency를 들 수 있다. 둘째, 기업의 부채가 순자산보다 더 많으면서 채무를 이행하지 못하여 파산되는 경우이다. 일반

---

40) **Bankruptcy** In the Trade-Off Theory of capital structure, firms are supposedly choosing their level of debt financing by trading off these bankruptcy costs of debt against tax benefits of debt. In particular, a firm that is trying to maximize the value for its shareholders will equalize the marginal cost of debt that results from these bankruptcy costs with the marginal benefit of debt that results from tax benefits.

적인 경영실패business failure란 경제적 실패를 포함하여 이러한 의무이행이 불가능함으로써 발생한다.

3) 기타 원인

기업들이 본원의 의무를 수행하지 못하고 도산하는 원인에 대해 많은 연구가 발표되어 왔으나, 대체로 경영진의 무능력이 대표적인 요인으로 거론되었다. 하지만 이 요인도 명확하지는 않다. 종종 일부 분야의 경험부족도 요인으로 들 수 있는데, 예를 들면 제품시장에는 익숙하나 그 외의 다른 영역인 판매나 재무, 연구개발, 계획수립 등에서 불균형적인 지식과 경험으로 도산한다고 보는 견해가 지배적이다.

대부분의 도산은 부족한 경험과 전망이 불투명한 산업에서의 경영에서 비롯된다는 시각이다. 또한 경영진의 부적절한 경영을 포함하여 도산 요인의 90% 이상을 차지한다. 화재나 지진, 홍수 등에 의한 파산은 5% 미만이며, 사기 등에 의한 도산은 매우 적다. 그러므로 대부분의 도산은 경영진에서 비롯되고, 이들이 수행해야 할 경쟁력 강화나 미래 예측의 실패에서 그 원인을 찾을 수 있다.

〈파산신청서 작성〉

5. 구제

　기업의 도산은 여러 가지 사회문제를 발생시킨다. 기본적 문제인 실업자의 증가와 더불어 다른 연관기업에의 압박이나 연쇄도산이 발생하기도 한다. 대기업이 파산할 경우 많은 협력업체들이 시장인 수주처를 잃어 함께 도산하는 경우이다.

　기업의 도산은 국가의 경제성장과 생산성에도 역효과를 발생시킨다. 그러므로 정부와 사회는 기업이 회생할 수 있는 여러 가지 제도나 방안을 제시하고 있다. 다음 〈표〉에는 기업이 경영실패에 봉착하였을 때의 대안을 열거하고 있다.

〈표〉 기업 파산시의 구제 및 대안

상　황	기업방향	절　차
법정관리 후	기입지속	연장–지불유예
		타협–일부변제
	기업중단	파산관재인에 의한 잔여자산청산과 배분
인수합병	피인수	자회사로서 생존함
	피합병	다른 회사조직에 흡수됨
법적절차	기업지속	조직개편, 법적관리하에서의 재구성
	기업중단	법적할당 – 법적절차에 따른 청산수행
		법적청산 – 보다 공식적인 법적청산수행

9. 국제통화제도

1. 국제통화제도[41]의 변화

1) 금은 본위제 (Bimetallism, 1875년 이전)

2) 고전적 금본위제 (Classical gold standard, 1875~1914)

3) 전쟁기간 (Interwar period, 1915~1944)

4) 브레튼우즈 체제 (Bretton Woods system, 1945~1972)

---

41) **International Monetary System** a financial system, including the institutions, rules, and procedures of different countries, that enables international trade to function effectively. These systems are used for effecting international payments between countries and the settling of international balance of payment obligations. The initial international monetary system, in effect from the late 19th to early 20th century was the gold standard. It was replaced by the gold bullion standard which was discontinued in the 1930s. Prior to the end of World War II, the allied powers met at the Bretton Woods resort in New Hampshire and established exchange rates for most currencies linking the U.S. dollar to gold. By 1973, the system was not functioning as well, and it was discontinued and replaced by the current system of floating exchange rates.

5) 스미소니언 체제 (Smithonian Agreement, 1971~1973)

6) 변동환율제도 (Flexible exchange rate regime, 1973년 이후)

1) 금은 본위제 (Bimetallism, 1875년 이전)

1870년대 이전의 다수 국가들은 자국이 보유하고 있는 금과 은의 양을 기준으로 자유로이 화폐를 발행하여 국제적 통용수단으로 사용하였다. 이를 금은 (복수)본위제Bimetallism라 한다. 화폐를 발행한 국가들은 그 화폐의 양에 해당하는 금과 은을 무제한으로 교환할 수 있다는 의미이기도 하다.

1816년 영국은 금은에서 은을 배제하여 금의 양만으로 화폐발행기준으로 하였다. 미국은 1792년의 화폐주조법(the Coinage Act of 1972)에 의해 금은 본위제를 사용하다 1873년 의회에서 은을 제외하여 이 제도가 중지되었다.

프랑스는 프랑스혁명 시기(1789~1794)부터 1878년까지 이 제도를 사용하였다. 이외에도 중국이나 인디아, 네덜란드, 독일 등이 은을 화폐발행의 기준으로 사용한 적이 있다. 금은 복수제를 사용한 국가들은 유명한 그레샴의 법칙Gresham's law[42]을 경험하였다. 즉 악화가 양화를 구축한다. 혹은

---

42) **Gresham's Law** theory in economics that bad money drives out good money. Specifically, people faced with achoice of two currencies of the same nominal value, one of which is preferable to the other because of metal content or because it resists mutilation, will hoard the good money and spend the bad money,

"Bad" (abundant) money drives out "good" (scarce) money. 여기서 구축(驅逐)이란 "몰아내다"의 뜻이다. 그레샴의 법칙이란 경제용어는 경제학자 매클러드H.D.Macleod가 처음 말하였다는 주장과 2,000년 전에 이미 유사한 법칙이 널리 퍼져 있었다는 주장들도 있다.43)

2) 고전적 금본위제 (Classical gold standard, 1875~1914)

고전적 금본위제(Classical gold standard, 1875~1914)는 주요 국가들 간에 교환이 가능한 국제적인 금본위제로 시행되었다. 독일은 프랑스로부터 상당한 전쟁배상금을 받은 직후 은화의 주조를 중단하고 1875년 금 본위제로 전환하였다. 그리고 미국은 1879년 러시아와 일본은 1897년의 일이다.

국제적 금본위제가 존재하였다는 주장은 첫째, 금 자체로서 무제한의 화폐주조가 가능하였고, 둘째 주요 국가들은 금의 양을 기준으로 자국화폐와의 비율을 결정하였기 때문에 다른 화폐간의 교환이 가능하였다. 그리고 셋째, 금은 자유롭게 수입이나 수출이 허용되었다. 이는 국가들의 채권발행 등을 보증하기 위한 수단으로 금의 저장이 필요하였기 때문이다.

교환의 예를 들면 파운드pound는 온스ounce 당 6파운드로 고정하였고, 1온스의 금은 12프랑크francs의 가치가 있었다. 그러므로 두 화폐간의 교환비율은 파운드당 2프랑크가 된다.

---

thereby driving the good money out of circulation. The observation is named for Sir Thomas Grasham, master of the mint in the reign of Queen Elizabeth I.

영국의 그레샴이 "악화는 양화를 구축한다"고 주장한 것을 말한다. 한 국가에서 내재가치가 다른 두 종류의 화폐가 동시에 같은 액면가치를 표시하며 유통될 경우, 사람들은 당연히 가치가 높은 화폐를 저장하며 상대적으로 가치가 낮은 화폐를 사용하게 된다. 이렇게 '악화가 양화를 국외 또는 유통시장 밖으로 축출하는 현상'을 법칙으로서 설명하였다.

43) Robert Mundell, "Uses and abuses of Gresham's law in the history of money", Paper prepared for publication in the Zagreb Journal of Economics, Volume 2, No. 2, 1998.

3) 전쟁기간 (Interwar period, 1915~1944)

1차 세계대전은 1914년 고전적 금본위제를 종식하였다. 각국들은 국제수지 악화와 높은 인플레이션률에 대처하고 자국의 경제안정을 위해 금의 수출을 금지시키고, 은행어음에 의한 금의 지급도 중지하게 된다.

유럽 국가들은 수지개선을 위해 경쟁적으로 환율을 낮추게 되어 환율변동이 심하였으나, 금본위제도로의 복귀를 시도하게 된다. 이 중에서 낮은 인플에이션률이 유지된 미국이 1919년 가장 먼저 금본위제도로 복귀하게 되고 1925년 윈스턴 처칠Winston Churchill의 역할로 영국이, 그 다음 1928년까지 스위스, 프랑스, 스칸디나비아 국가들이 복귀하게 된다.

하지만 1920년대 후반의 금본위제는 각국들이 자국의 경제안정을 우선시함에 따라 제 역할을 다 할 수 없었다. 이 기간은 경제적 국수주의, 금본위제의 실패, 은행도산, 1929년의 대공황the Great Depression으로 인해 일명 '혼란기'로 표현하기도 한다.

4) 브레튼우즈 체제 (Bretton Woods system, 1945~1972)

2차 세계대전에서 승리하고, 유럽중심의 경제 특히 영국의 경제 주도권을 쟁탈한 미국은 1944년 7월 자국 뉴햄프셔 주New Hampshire의 작은 도시 브레튼우즈에서 44개국 대표들을 모은다.

오랜 회의 끝에 이들은 브레튼우즈체계(Bretton Woods system, 1945~1972)가 핵심내용인 IMF협약조항(the Articles of Agreement of the International Monetary Fund)에 서명을 하게 된다. 이 협약에 따라서 1945년 IMF가 발족하였다. 또한 자매기구로 세계은행World Bank으로 알려져 있는 국제부흥개발은행(IBRD, International Bank for Reconstruction and Development)도 설립하였다.

브레튼우즈제도는 달러를 기준으로 하는 금환본위제(dollar-based gold-exchange standard)로 US$를 제외한 참가국의 모든 화폐는 달러로 환산한 액수분량의 금 교환이 가능하였다. 참여국가들 통화와 미국달러화와는 환율이 고정되었고, 1% 내의 변동만 허락하였다. 이 범위의 환율을 지키기가 어려울 때는 각국의 IMF 기금을 단기간 제공 받아 환율을 조정하도록 하였다.

금환본위제 구조
The Design of the Gold-Exchange System

영국파운드화	독일 마르크화	프랑스 프랑크화
British pound	German mark	French franc

미국 달러화
U.S. dollar

온스(oz)당 $35

금
Gold

5) 스미소니언 체제 (Smithonian Agreement, 1971~1973)

브레튼우즈체제는 금 대신 이에 상응하는 미 달러를 사용하여 세계경제의 안정을 가져왔으나, 국가간 교역량이 증가함에 따라 증가된 부의 가치를 한정된 금의 양으로 충족할 수는 없었다. 특히 닉슨Nixon의 금태환중지 발표는 더 이상 브레튼우즈의 의미를 유지할 수가 없게 되었다.

미달러화에 대한 신뢰도가 떨어지자 이에 대한 대책을 위해 각국들이 워싱톤 Washington, 스미소니언 박물관에서 스미소니언 체제(Smithonian Agreement, 1971~1973)를 발족하게 되었다. 하지만 지속적인 달러화의 가치하락으로 고정환율의 유지가 어려워지자 이 제도도 곧 존재의 의미를 상실하게 되었다.

6) 변동환율제도 (Flexible exchange rate regime, 1973년 이후)

1976년 1월 자메이카Jamaica의 수도 킹스톤Kingston에서는 IMF 회원국들이 회의를 갖고 새로운 국제통화체제에 동의하게 된다. 이를 자메이카협정Jamaica Agreement이라고 부르고, 변동환율제도Flexible exchange rate regime시대가 시작되었다. 현재 대부분의 국가에서 시행하고 있는 변동환율제도는 완전한 자유변동이 아니라 필요시 국가가 자국의 경제안정을 위해 개입하는 '관리Managed변동환율체제' 이다.

10.
국제채권시장

1. 채권시장의 의미

먼저 채권[44]은 대부분 직접적인 자금조달 방법이자 동시에 부채를 발생하는 일이므로 이자 등의 차입비용이 기본적인 요인이다. 즉 국내보다 이자율이 낮은 국가에서 자금을 차입하는 일은 매우 당연한 일이다. 다른 요인은 차입금의 자산구성portfolio과 분산효과이다.

국제채권시장이란 국내채권시장에 대비할 수 있는 개념으로서 정부나 기업 등의 기관들이 자금을 조달할 수 있는 해외 장소나 영역을 의미한다. 채권의 발행을 기준으로 간단하게 요약하면 해외에서 자금을 빌릴 수 있는 곳을 말한다.

---

44) In finance, a bond is a debt security, in which the authorized issuer owes the holders a debt and, depending on the terms of the bond, is obliged to pay interest (the coupon) to use and/or to repay the principal at a later date, termed maturity. A bond is a formal contract to repay borrowed money with interest at fixed intervals (semi annual, annual, sometimes monthly. 〈en.wikipedia.org〉

여러 기관들이 국내시장을 넘어 각기 다른 국가별 규제나 국경을 넘는 차입활동에서 발생하는 추가적인 차입비용 그리고 환율의 위험 등을 무릅쓰고 국제채권시장으로 향하는 이유는 다양하다.

예를 들어 기업의 현금흐름에 맞는 차입금을 국내에서 조달하기 어려울 때 다양한 만기나 크기의 채권을 발행하여 현금흐름을 맞출 수 있는 해외시장('큰시장')으로 나가게 된다. 이밖에도 여러 가지 세제혜택이나 경영의 방어전략의 방법으로 이용될 수도 있다.

국제채권시장은 보통 두 가지 분야로 나눌 수 있는데, 그 중 하나는 해외채권foreign bond이고, 다른 하나는 유로채권Eurobond45)이다.

해외채권은 채권의 표시통화와 일치하는 국가에서 외국인이나 비거주자가 발행하는 채권이다. 이러한 채권시장을 간편하게 인식하기 위하여 국가별로 채권의 이름을 붙여서 부르고 있다. 예를 들면 비거주자인 외국인(미국인이 아닌 사람)에 의해 미국자본시장에서 발행, 판매되는 미국 달러화 표시 해외채권을 '양키본드Yankee bond'라 한다. 이밖에노 엉국시장 채권은 불독본드Bulldog bond, 일본은 사무라이본드Samurai bond46) 등으로 부른다.

---

45) bond denominated in a certain currency and sold to investors outside the country whose currency is used. The bonds are usually issued by large underwriting groups composed of banks and issuing houses from many counties. An example of a Eurobond transaction might be a dollar- denominated debenture issued by a Belgian corporation through an underwriting group comprised of the overseas affiliates of a New York investment banking house, a bank in Holland, and a consortium of British merchant banks; a portion of the issue is sold to French investors through Swiss investment accounts. The Eurobond market is an important source of capital for multinational companies and foreign governments, including Third World government.

46) bonds denominated in yen issued by non-Japanese companies for sale mostly in Japan. The bonds are not subject to Japanese withholding taxes, and therefore offer advantages to Japanese buyers.

해외채권 발행인으로서 외국인 차입자가 보는 한국의 자본시장채권은 아리랑본드Arirang bond라 하나 한국은 채권을 구입하는 자금이 상대적으로 풍부하지 않은 시장이므로 많이 활성화되어 있지는 않다고 볼 수 있다. 지금까지 국제채권의 발행액을 보면 유로본드가 외국채보다 5~10배 많고, 유로본드가 상대적으로도 증가하는 추세이다.

2. 채권의 종류

1) 국채 government bonds

국채는 많은 의미를 지닌 채권이다. 먼저 국채의 정의를 보면 국가가 예산수급이나 재정적 적자를 보완하기 위해 필요한 자금을 조달하기 위하여 발행하는 차입형식의 채권이다.

채권은 발행시점의 목적에 따라 다양한 이름으로 발행할 수 있으나 내용이나 원리는 모두 같다. 미국의 경우에는 재무성이 발행한다고 하여 T-bond(Tresaury bond)라 부르고 최장 만기가 보통 30년이다. 이자지급은 대부분 이표coupon를 이용한 6개월 단위 수시지급이며 만기에는 원금만 지급된다. 미국채는 기간에 따라 빌bills과 노트notes 그리고 본드bonds로 나눌 수 있다.

T-bills은 만기가 1년 이내로 액면가를 할인하여 발행하는 방식이다. 발행이자는 경매auction형식으로 결정되고, 자본시장에서 이자율의 흐름을 예측하기 위해 관측하거나 주시하는 이자률이다.

특히 변동금리채권들은 이 T-bills의 금리와 연동하여 지불하거나 받는다. T-notes는 중기채권으로 만기가 1년에서 10년까지이다. 발행단위는 $1,000에서 수백만 불까지 가능하다. 그리고 T-bonds는 10년 이상 만기의 장기채권을 말한다. 미 재무성채권은 위험이 가장 낮고 그만큼 수익률도 가장 낮은 채권으로 인식되므로 주로 자본시장이나 투자시장에서 무위험 수익률의 기준이 된다. 하지만 국가위험도가 높은 나라의 채권은 위험도에 의한 이자율risk premium이 상승하므로 무위험 수익률의 기준이 되기 어렵다.

국채의 원리금 지급을 보증하는 국가의 위험도를 측정하고 감시하는 기관들은 다음과 같다.

(1) Bank of America World Information Services

(2) Business Environment Risk Intelligence (BERI) S.A.

(3) Control Risks Information Services (CRIS)

(4) Economist Intelligence Unit (EIU)

(5) Euromoney

(6) Institutional Investor

(7) Standard and Poor's Rating Group

(8) Political Risk Services: International Country Risk Guide (ICRG)

(9) Political Risk Services: Coplin-O'Leary Rating System

(10) Moody's Investor Services

2) 회사채 corporate bond

　회사채는 신주발행과 함께 대표적인 기업의 자금조달방법 중의 하나이다. 회사채의 만기는 보통 3년이 가장 많으며 발행조건에 따라 해당국 기업의 주식 등으로 전환할 수 있는 해외전환사채와 발행회사의 신주를 인수할 수 있는 신주인수권부사채 등 매우 다양하다.

3) ICON indexed currency option note

　채권과 통화옵션을 결합한 상품으로 해외채권에서 발생할 수 있는 환위험에 따른 손실을 방지하며 환이익의 극대화는 가능하게 한 복합채권이다.

4) 이중통화채 dual currency bond[47]

　해외발행에서 발생하는 환위험을 피하기 위해 발행통화(기채통화)와 상환통화를 달리하는 채권의 형태이다. 예를 들면 영국 파운드화로 발행하고, 상환은 사전에 정한 환율에 의해 미달러화로 지급하기로 하는 채권의

---

47) A debt instrument in which the coupon and principal payments are made in two different currencies. The currency in which the bond is issued, which is called the base currency, will be the currency in which interest payments are made. The principal currency and amount are fixed when the bond is issued. 〈www.investopedia.com〉

종류이다.

5) 약정금리변동부채권 VRN, variable rate note

이 채권은 변동금리부채권floating rate note이 가지고 있는 단점을 보완하여 1988년 국제금융시장에 소개된 채권으로 기존의 만기시까지의 변동금리를 일정기간별로 다시 정하는 방법이다. 만약 채권소지자가 새로이 결정된 이자율이 낮다고 생각되면 채권주간사(은행, 증권사 등)에 되팔 수 있는 권리가 포함된 채권이다.

11.
국제주식시장

1. 주식시장의 발달

주식시장48)의 시작은 12세기 프랑스의 은행을 대행하여 채권을 거래한 "courratiers de change"이라는 거래소였고 최초의 중개인broker이 탄생하였다. 1602년 네덜란드의 암스테르담에 해상무역을 지원하기 위한 자금이 모이면서 세계 최초의 증권거래소가 설립된 후로 각국의 주식시장이 형성되었으나 주식시장이 매우 활발한 시장으로 발전한 시기는 1980년대부터이다. 또한 1990년대 초반까지는 각국의 증권시장들이 주로 자국 내에서 자금의 유통과 주식 거래가 이루어졌다.

---

48) **Stock Market** General term referring to the organized trading of securities through the various exchanges and the over-the-counter market. The securities involved include common stock, preferred stock, bonds, convertibles, options, rights, and warrants. The term may also encompass commodities when used in its most general sense, but more often than not the stock market and the commodities (or futures) market are distinguished.

하지만 인터넷이 보급되고 현실적으로 유용하게 발전하기 시작한 1990
년대 중반부터는 국경을 초월한 증권투자가 가능하여졌다. 또한 당시에 미
국과 영국의 주식시장은 국내총생산GDP보다 커지만 다른 유럽 국가들은
자국 GDP의 반 정도에 불과하였다. 하지만 유럽 주식시장의 통합은 세계
증권시장의 성장에 또 다른 촉매제가 되었다.

특히 유럽의 화폐통합에 따른 유러화의 유통은 통합된 주식시장에서의
불필요로 한 환전이나 거래에 따른 비용을 절감하고 있다. 이를 분산되었
던 작은 주식시장들의 통합으로 보면 다양한 효율성이 증대되었다.

2. 세계주식시장

전세계 주식시장[49]의 규모는 시장가치가 매순간 변화하므로 정확히 계산하기는 불가능하나 약 40조 달러 정도로 추산된다. 그리고 주식이나 채권에서 파생된 복합금융상품시장의 규모는 액면가 기준으로 800조원 정도이다.

주식시장의 설립목적은 부수적으로 증권이나 채권의 시장가격발견 기능을 가지고 있지만, 증권거래를 통하여 투자자들에게는 수익을 그리고 기업들에게는 자본조달을 용이하게 하는데 있다.

이를 위해서는 거래비용의 절감과 동시에 시장참가자들에게 풍부한 시장정보를 제공하여야 한다. 또한 국가 간의 통신발달은 각국의 주식시장들이 경쟁할 수밖에 없는 환경을 만들고 있다.

국내주식시장에는 개인투자자와 기관 그리고 외국인 투자자로 구성되는데 해외주식시장도 유사하다. 다만, 수십 년 전에는 대부분의 투자자들은 부를 축적한 개인들이었다. 하지만 지금은 시장이 확대됨에 따라 규모가 큰 기관들로 주로 구성되어 있다.

시장규모와 경제여건 및 전망에 따라 연기금pension fund, 보험회사, 뮤츄얼펀드mutual fund, 인덱스펀드indexfund, 헷지펀드hedge fund, 투자자집단investor group 그리고 은행 등의 금융기관으로 개인투자자를 대신하는 기관들로 구성된다. 이들은 펀드fund라고 하는 자금으로 여러 국가들의 주식시장에서 투자하거나 회수를 반복한다.

---

49) A stock market or equity market is a public entity (a loose network of economic transactions, not a physical facility or discrete entity) for the trading of company stock (shares) and derivatives at an agreed price; these are securities listed on a stock exchange as well as those only traded privately.

주요 세계주식시장과 세계 15대 주식시장 및 자본규모는 다음 〈표〉와 같다.

〈표〉 주요세계주식시장

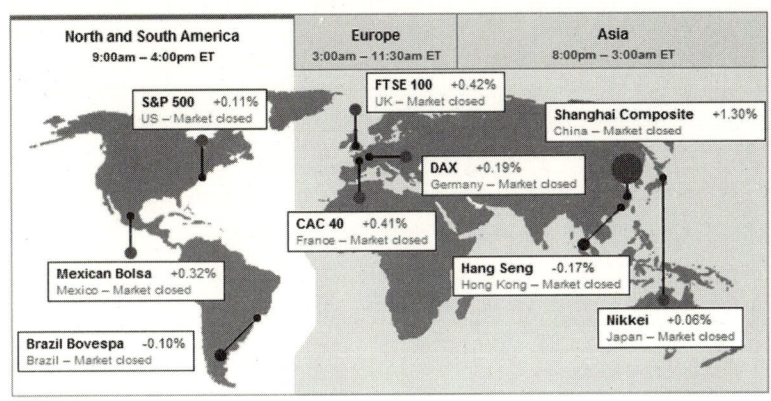

World Markets — North and South American markets finished mixed as of the most recent closing prices. The IPC gained 0.32% and the S&P 500 rose 0.11%. The Bovespa lost 0.10%.

Asian Indexes

Index	Country	Change	% Change	Level	Last Update
○ Australia ASX All Ordinaries	Australia	-2.20	-0.05%	4,364.70	Mar 16
○ Shanghai SE Composite Index	China	+30.96	+1.30%	2,404.74	Mar 16
○ Hang Seng	Hong Kong	-35.68	-0.17%	21,317.85	Mar 16
○ Mumbai Sensex	India	-209.65	-1.19%	17,466.20	Mar 16
○ Nikkei 225	Japan	+6.55	+0.06%	10,129.83	Mar 16
○ Taiwan TSEC 50 Index	Taiwan	-66.68	-0.82%	8,054.94	Mar 16

● = Market open   ○ = Market closed

North and South American Indexes

Index	Country	Change	% Change	Level	Last Update
○ Dow Jones Industrial Average	United States	-20.14	-0.15%	13,232.62	Mar 16
○ S&P 500 Index	United States	+1.57	+0.11%	1,404.17	Mar 16
○ Brazil Bovespa Stock Index	Brazil	-65.36	-0.10%	67,684.13	Mar 16
○ Canada S&P/TSX 60	Canada	+3.08	+0.44%	710.74	Mar 16
○ Santiago Index IPSA	Chile	+5.32	+0.12%	4,585.95	Mar 16
○ IPC	Mexico	+123.88	+0.32%	38,258.45	Mar 16

● = Market open   ○ = Market closed

European Indexes

Index	Country	Change	% Change	Level	Last Update
○ FTSE 100	England	+24.86	+0.42%	5,965.58	Mar 16
○ Euronext 100	Europe	+2.50	+0.38%	665.86	Mar 16
○ CAC 40	France	+14.62	+0.41%	3,594.83	Mar 16
○ DAX	Germany	+13.37	+0.19%	7,157.82	Mar 16
○ Swiss Market Index	Switzerland	+9.11	+0.14%	6,341.33	Mar 16

● = Market open   ○ = Market closed

〈출처 CNN Money〉

<표> 국내자본시장기준 세계 15대 증권거래소
The World's Top 15 Stock Exchanges by Domestic Market Capitalization

순위	거래소 명칭	국가	증권시장 자본규모 ($10억)
1.	New York Stock Exchange	United States	11,837
2.	Tokyo Stock Exchange	Japan	3,306
3.	NASDAQ	United States	3,239
4.	Euronext Belgium	France, Holland, Portugal	2,869
5.	London Stock Exchange	United Kingdom	2,796
6.	Shanghai Stock Exchange	China	2,704
7.	Hong Kong Stock Exchange	Hong Kong	2,345
8.	Toronto Stock Exchange	Canada	1,608
9.	BM&FBovespa	Brazil	1,337
10.	Bombay Stock Exchange	India	1,306
11.	BME Spanish Exchange	Spain	1,297
12.	Frankfurt Stock Exchange	Germany	1,292
13.	Australian Securities Exchange	Australia	1,261
14.	National Stock Exchange of India	India	1,224
15.	SIX Swiss Exchange	Switzerland	1,064

3. 복수상장

1990년대부터 나타나기 시작한 복수상장multiple listing은 각국의 주식 시장뿐만 아니라 자본을 조달하려는 기업들 그리고 투자자에게도 큰 의미를 갖는다.

기업들이 갖는 의미를 먼저 보면 영리를 추구하는 기업들은 현실적으로 유리한 점이 있는 경우에 복수상장으로 접근하게 된다. 예를 들어 기업의 규모가 크거나 새로운 투자 프로젝트가 많은 자금이 요구되어 기존의 자본 시장으로부터 자본을 조달하는데 한계가 있을 때를 들 수 있다. 혹은 기존

시장에서의 조달 비용이 높거나 시간이나 절차 등의 거래외적 비용이 높을 때 국내시장에서의 상장을 회피하게 된다.

또 다른 이유로는 자국의 주식시장이 침체하거나 저평가되어 자사주식의 가치(발행가격의 결정)를 제대로 반영하지 못할 때 등이다. 실제로 국내보다 해외 주식시장에서 주가가 더 높게 거래되고 있는 주식이 많다. 복수상장이 활발하게 되면 기업들은 자금이 부족한 국가에서 투자여력이 많은 국가로 이동하는 현상이 발생한다. 또한 조달자금의 크기가 우선순위가 아닐 경우에는 조달비용이 낮은 국가의 증권시장으로 이동하려고 할 것이다.

이러한 현상은 주식시장을 실제로 운영하는 증권사들의 경쟁이 국내에만 한정되는 것이 아니라 전세계의 증권사들과 경쟁하는 시대가 되었다. 따라서 증권사들은 전산을 통합하여 비용을 줄이거나 상상기업이나 투자자들에게 양질의 공시를 제공하며 과거보다 더 경쟁력이 있는 조직 구조를 구축하여야 할 필요가 있다.

현실적으로 대부분의 국가에서는 투자자들이 증권시장에 투자를 하거나 주식거래에 있어서 물리적 국경의 의미가 없어졌다. 예를 들어 한국에서 자유로이 미국 주식시장에 상장된 주식을 거래하거나, 지구상 어디에서든 인터넷만 있으면 한국의 주식시장에서 한국 내와 같이 거래를 할 수 있는 시대이기 때문이다.

복수상장은 외국의 기업들이 자국의 자본시장에 진출하여 주식을 상장하는 것을 의미하므로 채권발행과 같이 자금의 해외유출이 발생하고, 투자자들의 손익과 관계되는 행위이다. 그러므로 각국들은 자국의 자본시장과 국내외 고객인 투자자들의 보호를 위해 규제를 하고 있다. 규제에는 대부분 상장요건이 되는 기업의 자격이나 상장 후의 행위에 따른 의무에 관한 사항이다.

국외의 주식시장에 자사의 주식을 상장하는 방법은 주식예탁증서인 DR

(Depository Receipt)50)을 발행하는 방법과 자국의 주식을 송출하는 방법이
있다. 하지만 물리적으로 주식을 수출하는데 발생하는 비용이나 혼잡 그리
고 위험이 높은 후자의 경우보다는 대부분 DR을 발행하여 현지 표시통화
로 거래되고 있다.

　　DR은 상장국가인 발행국가나 그 수에 따라 ADR(American Depository
Receipt),51) EDR(European Depositary Receipts), GDR(Gobal Depositary
Receipts) 등으로 호칭하고 있다.

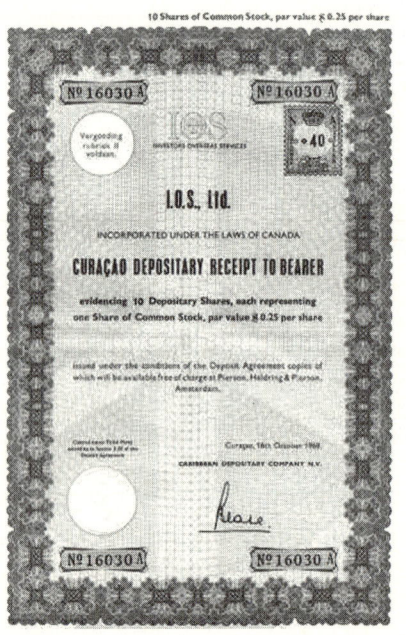

---

50) A negotiable financial instrument issued by a bank to represent a foreign
company's publicly traded securities. The depositary receipt trades on a local
stock exchange.

51) **American Depository Receipt (ADR):** Receipt for the shares of a foreign-based
corporation held in the vault of a U.S. bank and entitling the shareholder to all
dividends and capital gains. Instead of buying shares of foreign-based companies
in overseas markets, Americans can buy shares in the U.S. in the form of an ADR.
ADRs are available for hundreds of stocks from numerous countries.

해외투자자들 "한국기업 DR 발행해 달라" 요청 쇄도

● 해외DR 발행한 상장사

구분	상장사
GDR	KT&G 금호타이어 LG전자 하이닉스 롯데쇼핑 LG화학 현대차 OCI 삼성전자 대우조선해양 삼성SDI 기업은행 삼성물산 *하나투어 (14개)
ADR	LG디스플레이 POSCO KCC KT 웅진코웨이 한국전력 KB금융 현대제철 S-OIL 신한지주 우리금융 SK텔레콤 *웹젠 *G러닝 *비앤비성원 *태웅 *인스프리트 (17개)

*는 코스닥기업   자료:한국예탁결제원

최근 들어 국내 기업의 글로벌 경쟁력이 높아지면서 한국 기업의 주식예탁증서(DR)를 발행해달라는 해외투자가들의 목소리가 높아지고 있다.

19일 한국거래소에 따르면 현재 미국주식예탁증서(ADR)나 글로벌주식예탁증서(GDR)를 발행하고 있는 국내 상장사는 모두 31개에 달한다. 이는 유가증권시장과 코스닥시장에 상장돼 있는 전체 기업(1,808개)의 1.7%에 불과하다.

이때문에 외국인들이 한국 기업에 투자를 하려고 해도 할 수가 없는 상황이 벌어지고 있는 실정이다. 이에 따라 미국 등의 기관투자가들을 중심으로 한국 기업의 DR를 발행해달라는 요청이 쇄도하고 있다. 최근 유럽경제가 위기에 빠진데다 미국경기도 부진한 상황에서 글로벌 경쟁력이 높아지고 있는 한국 기업을 포트폴리오에 넣지 않고는 원하는 만큼의 투자 수익률을 올릴 수 없기 때문이다. 특히 정관이나 계약 등의 이유 때문에 국내 주식거래 계좌를 트고 원주 거래를 할 수 없는 해외 민간 연기금이나 헤지펀드들의 관심이 높아지고 있다.

국내 DR 발행 주선 1위를 달리고 있는 씨티증권의 한 관계자는 "현재 국내증시에 유입된 외국인 자금은 전체 수요의 20~30% 정도 밖에 안 된다"며 "선진국 투자자들의 경우 자국 투자만으로는 수익률이 저조하기 때문에 성장성이 월등한 한국 기업에 많은 관심을 갖고 있다"고 설명했다. 한 증시전문가는 "해외투자가 입장에서 DR 거래를 할 경우 계좌개설과 환율, 공시 언어 등에 있어 유리한 점이 매우 많다"며 "최근 국내기업들의 경쟁력이 다른 글로벌 기업을 추월하면서 DR 거래 수요가 늘고 있다"고 말했다.

하지만 국내 여건은 국내기업이 해외에서 DR를 발행하기가 녹록지 않은 상황이다. 무엇보다 국내법의 보수적인 규정이 걸림돌이 되고 있다.

현행 증권업감독규정은 해외에서 DR를 발행하려면 반드시 해당 기업의 요청이 있어야 하는 신청방식(Sponsored)의 DR 발행만 허용하고 있다. 기업 동의 없이 해외투자가들의 요구만으로도 발행할 수 있는 비신청방식(Unsponsored) DR 발행은 할 수 없는 상황이다.

비신청방식 DR는 기업의 자금조달과는 무관하며 국내 원주를 기반으로 투자자 주문만으로 발행되기 때문에 발행이 허용될 경우 해외에 거주하는 투자자들이 국내 상장기업 주식 대부분을 비교적 자유롭게 거래할 수 있다는 장점이 있다. 현재 유럽 각국을 비롯해 미국 · 호주 · 일본 · 홍콩 · 싱가포르 등 대부분의 자본시장 선진국가가 이 방식을 허용하고 있다. 금지국가는 한국을 비롯해 인도 · 인도네시아 · 태국 등 소수에 불과하다.

기업들의 인식 수준이 낮은 것도 해외 DR 발행 부진의 한 요인으로 작용하고 있다. 증권업계의 한 관계자는 "미국의 경우 증권매매의 절반 이상이 DR 거래일 정도로 일반화돼 있지만 국내 상장사들은 해외에서 유통되는 주식이 DR인지 원주인지도 모르는 경우가 태반"이라고 말했다.

해외투자가의 DR 발행 요청이 쇄도하다 보니 몇몇 글로벌 DR 발행업체들의 경우 최근 관련 제도를 바꿀 수 있는지에 대해 법률적인 절차까지

알아보는 곳도 생겨나고 있다. 업계에 따르면 세계 최대 DR 발행업체인 뱅크오브뉴욕멜론 본사의 최고위 관계자는 최근 국내 증권업계 인사들과 접촉할 때마다 관련 제도 변경 가능성에 대해 문의하는 것으로 알려졌다. 이에 대해 금융위원회의 한 관계자는 "쉽지는 않지만 수요가 많다면 시행령 변경을 검토할 수도 있다"고 밝혔다.

이처럼 외국인투자가들의 요청이 쇄도하자 한국예탁결제원은 11월 상장사와 DR 발행 주선 금융회사를 대상으로 '해외 DR 발행포럼'을 개최해 여론 수렴에 나설 계획이다.

주식예탁증서(DR)란

국내에서 발행된 주식(원주)을 기반으로 해외에서 유통되는 주식대체증서를 말한다. 외국에서 한국의 주식을 거래할 경우 주권 수송의 문제와 제도의 차이 등으로 원활한 유통이 어려운데 이 때문에 발행되는 것이 DR이다.

〈출처: 서울경제 2011.07.09〉

12.
선물시장

1. 선물시장의 발생

1840년대 중반 미국의 시카고는 철도의 통과와 미시시피강의 해상운송 능력 그리고 일리노이 주 주위의 평야지대를 배경으로 도시가 급속한 발전을 하게 된다. 수확철이 되면 농부들은 농산물을 팔기 위해 시카고의 한 거리로 몰려들었다. 하지만 수확철인 가을에 집중된 농산물들은 공급과잉으로 인해 미처 팔리지 못한 분량은 미시간 호수에 버려지게 되었다. 또한 강이 어는 겨울에는 해상수송이 불가능하므로 수요가 줄게 되어 가격이 하락하였다.

이와 반대로 봄에는 공급이 부족하여 가격이 높아지는 현상이 발생하였다. 이러한 계절에 따른 가격변동을 해결할 방법이 없을까하는 고민 끝에 1848년 최초의 근대적인 선물거래소인 시카고 상품거래소(Chicao Board of Trade, CBOT)가 설립되었다. 현재 3,600회원들이 공개호가open outcry와 전산eTrading을 통해 50개 이상의 옵션과 선물계약이 이루어지고 있다.

2007년에는 시카고상업거래소(Chicago Mercantile Exchange, CME)와 계약적 합병되어 CME그룹에서 운영되고 있다.

　영국에서는 1877년 런던 금속거래소(London Metal Exchange, LME)가 설립되어 알루미늄, 동, 니켈 등이 3개월물로 거래되었다. 그 후 1898년에는 시카고 상품거래소와 같은 길에 시카고상업거래소가 비영리조직으로 설립되어 이자률, 주가지수, 환율, 농산물 등의 선물상품을 거래하고 있다. 시카고 상업거래소는 1990년대 초반부터 매출액면에서 시카고 상품거래소를 능가하여 미 최대의 선물시장과 세계최대의 청산소를 가지게 되었다. 이외에도 캔사스상품거래소(Kansas City Board of Trade, KCBT) 등이 있다.

〈Chicago Board of Trade, CBOT〉

〈공개호가 open outcry〉

2. 한국거래소

한국에서는 증권과 선물, 코스닥 등 3대 자본시장을 하나로 묶는 한국증권선물거래소Korea Exchange가 통합 논의 4년만인 2005년 1월 28일 부산에서 공식 출범하였다.

'한국증권선물거래소법'에 따라 거래비용절감과 이용자 편의제고를 위하여 기존의 3개 현·선물 거래소와 증권업협회 내 코스닥위원회가 합병된 한국증권선물거래소는 이제 지역거래소의 이미지에서 벗어나 세계 금융시장의 중요한 한 축을 담당할 수 있는 기반을 구축하였다.

한국증권선물거래소의 현물부문은 유가증권시장과 코스닥시장이 합치면서 상장회사수가 1,571개(2004년 12월 기준)로 증가했고, 거래대금이 813조원으로 세계 10위권에 랭크되어 있으며, 선물·옵션부문은 총 19개 품목이 거래되고 선물거래량은 세계 9위, 옵션거래량은 KOSPI 200 옵션의 활발한 거래에 힘입어 세계 1위를 고수하고 있다. 증권과 코스닥, 선물 거래소로 나눠져 있던 자본시장의 통합으로 효율성이 높아지고 세계적인 거래소로 성장할 기틀이 마련되었다.52)

2012년 3월 기준 전체회원현황

국내법인	50
외국법인	11
국내은행	16
외국은행	10
증권회원 합계	88
국내법인	53
외국법인	9
파생상품회원 합계	62
총회원	95 53)

---

52) 한국(증권선물)거래소 www.krx.co.kr에서 발췌 및 요약.

53) 증권회원과 파생상품회원 중복회원은 총 회원 합계에 하나의 회원사로 합산

〈황소시장 bull market〉

〈CBOT 거래장 Trading Floor〉

3. 선물용어

bear	가격이 하락할 것이라 믿는 사람
bear market	가격이 하락하는 시장
bull	가격이 상승할 것으로 기대하는 사람
bull market	가격이 상승하는 시장
call option	미리 정한 가격에 살 수 있는 권리
put option	미리 정한 가격에 팔 수 있는 권리
long position	옵션을 구매한 상태
short position	옵션을 매도한 상태
bid	시장 참가자들이 지불하기를 원하는 가격
contract	계약의 뜻이지만 '거래단위'를 의미
delivery date	상품의 배달 날짜 (인도일)
exercise	옵션을 사용하여 거래함을 의미 (행사)
premium	옵션구매가격
strike price	옵션을 행사시 거래되는 가격
futures	미래의 상품 (선물)
long	선물계약에서 반대매매없이 선물이나 옵션을 구매한 사람
margin	선물거래에서 거래를 지속시키기 위한 증거금
hedging	헷징, 투자위험을 상쇄하는 전략으로 미래의 이익이나 손실의 발생가능성을 회피함
speculating	헷징의 상대로 위험을 인수하고 관망함
speculator	위험을 인수하고 관망하는 사람이나 기관

〈헷징 Hedging〉

4. 선도거래와 선물

선도거래나 선물시장의 여러 가지 역할 중 중요한 하나는 미래의 불확실한 가격 변동으로부터 발생하는 위험을 회피할 수 있게 하여 손익을 고정할 수 있다. 선도계약54)과 선물계약55)의 차이는 다음의 표와 같다.

〈표〉 선도계약과 선물계약의 비교

	선도거래, 선도계약 forward	선물거래, 선물시장 futures
거래성격	거래자 쌍방이 미래의 시점에 약속된 가격으로 매매하기로 함	
계약 크기	협상 가능	협상 불가 (표준화)
인도일	협상 가능	협상 불가 (표준화)
거래방법	매매 당사자에 의해 가격결정	거래소에서 공개호가에 의해 결정
보증금	없음 (당사자 간의 신용관계)	있음 (매입자, 매도자 모두 증거금 예치하여 일일정산)
실제 인도율	매우 높음	매우 낮음 (3% 미만)
적용 법규	주 연방 상업법 *State or Federal laws of* *Commerce*	상품선물거래위원회 *Commodity Futures Trading* *Commission* 전국선물협회 *National futures Association* 거래소 내규 *Self-regulation by exchange*
발행자와 보증인	없음	청산소 *Exchange Clearing House*

---

54) **forward contract** purchase or sale of a specific quantity of a commodity, government security, foreign currency, or other financial instrument at the current or spot price, with delivery and settlement at a specific future date. Because it is a completed contract a forward contract can be a cover for the sale of a future contract.

55) **futures contract** agreement to buy or sella specific amount of a commodity or financial instrument at a particular price on a stipulated future date. The price is established between buyer and seller on the floor of a commodity exchange, using the open outcry system.

5. 옵션

1) 옵션의 이해

옵션option[56]은 보험과 매우 유사하다. 대부분 사람들은 위험을 회피하고자 보험료나 프리미엄을 지불하고 상품을 구매한다. 다른 점은 최근들어 옵션은 투자로부터의 수익이 주목적이고 위험은 회피하고자 한다. 이에 비해 보험은 위험을 회피하고자 하는 목적밖에 없다.

옵션은 정한 가격strike price에 사거나 팔 수 있는 권리를 말한다. 따라서 옵션구매자는 특정상품을 특정가격에 사거나call option 팔 수put option 있다. 물론 비싸게 팔고 싶거나 싸게 사고 싶으면 수수료가 높아진다.

반대로 싸게 팔거나 비싸게 사도 되면 수수료가 낮아진다. 이 때 구매자가 지불하는 옵션수수료를 프리미엄premium이라고 한다.

기본옵션은 크게 두 가지로 나누어지는데 다음과 같이 매매당사자 입장에 따라 네 가지로 나누어진다. 매입자의 입장을 롱포지션long position, 매도자의 위치를 숏포지션short position이라고 한다.

(1) 살 수 있는 권리 매입자 (Call Option, Long Position)
(2) 살 수 있는 권리 매도자 (Call Option, Short Position)
(3) 팔 수 있는 권리 매입자 (Put Option, Long Position)
(4) 팔 수 있는 권리 매도자 (Put Option, Short Position)

---

56) right to buy or sell property that is granted in exchange for an agree upon sum. If the right is not exercised after a specified period, the option expires and the option buyer forfeits the money.

〈표〉의 그래프 'Long Call'을 보며 하나만 설명하자.

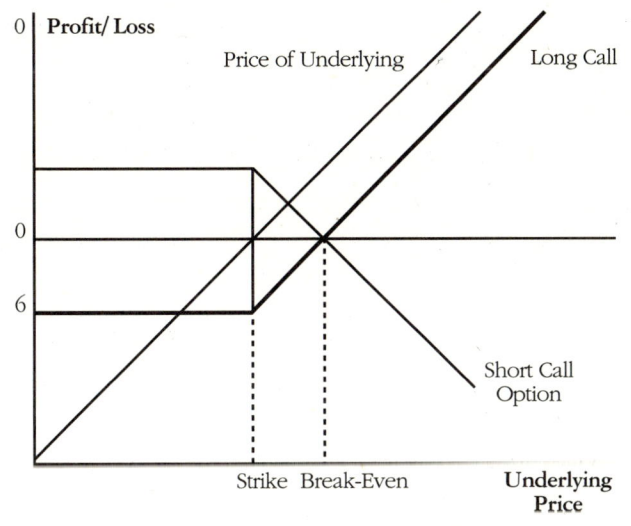

〈도표출처: www.theoptions.net〉

X축은 상품의 가격을 나타내며 Y축은 손익을 표시한다.

Strike까지의 그래프선이 0 아래에 있는 것은 옵션을 행사할 필요가 없
는 시장상황을 뜻한다. 따라서 옵션프리미엄만큼 손실이나 손실은 제한적
이다. 이론적으로 옵션매도자는 가격 변동에 대한 무한 책임을 져야하나,
매입자는 보험료와 같은 옵션프리미엄만 손실을 보면 된다.

내가 Long Call 포지션이면 상품을 정해진 가격에 살 수 있는 권리를 매
입한 사람이다. 따라서 100원에 살 수 있는 권리를 5원의 프리미엄을 주고
샀다고 가정하자. 상품가격이 80원이 되었다면 나는 굳이 손해를 보며 옵
션을 판 사람에게서 100원에 살 필요가 없다. 옵션은 휴지가 되고, 시장에
서 80원에 상품을 구입하면 예상보다 20원 싸게 구매하였지만 이미 지불
한 5원의 프리미엄을 종가로 환산하여 차감하여야 한다.

시장가격이 150원이 되었다면 나는 100원에 살 수 있는 권리를 사 두었
으므로 옵션매도자에게서 100원에 사서 시장에 150원에 판매한다면 50원

의 차익을 볼 수 있다. 단 여기서도 이미 지불한 프리미엄 5원을 종가로 전환하여 이익에서 차감해야 한다.

Long Call 도표가 북동쪽 방향으로 45도로 상승한 것은 상품의 가격이 이론상 무한대로 갈 수 있는 여력을 표시한 것이고, 옵션 매입자는 그 만큼 이익을 보게 되나 매도자는 무한 책임을 져야 하는 상황을 설명한 것이다. 실제로 옵션매도자는 무한위험을 피하기 위해 스프레드spread57)로 부르는 반대매매를 해 놓거나, 위험을 감수하는 투기자speculator들이다.

다음 〈표〉는 네 가지의 옵션포지션을 도표로 나타낸 것이다.

TIME DECAY : PL vs Price TODAY vs EXPIRATION

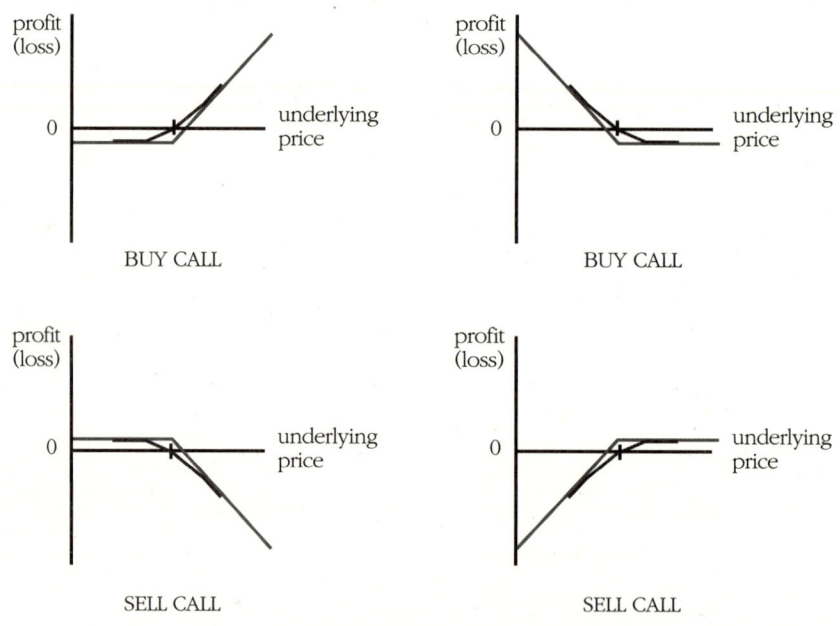

<옵션포지션유형 www.cboe.com>

---

57) The difference between the bid and the ask price of a security or asset. An options position established by purchasing one option and selling another option of the same class but of a different series. 〈www.investopedia.com〉

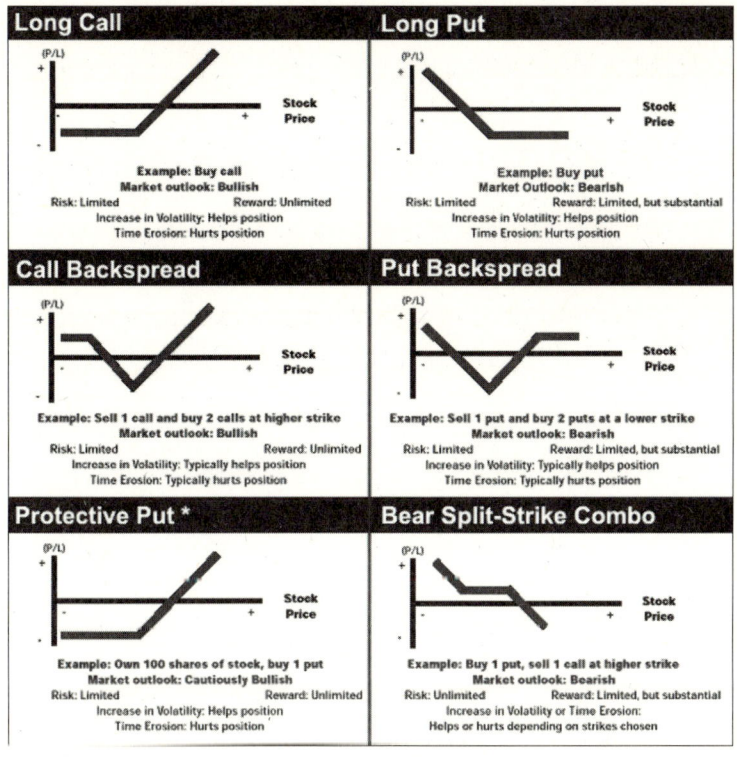

〈옵션과 스프레드유형, www.cboe.com〉

2) 통화옵션

통화옵션currency options[58]은 기업의 미수금이나 미지급금 등 미래의 현금흐름에서 발생하는 일정량의 통화가 환율의 위험에서 벗어날 수 있도록 일정금액을 일정환율에 따라 매입 또는 매도할 수 있는 권리를 의미한다.

가령 한국의 수출업자가 오늘 반도체 US$1,000,000 분량을 수출하고 3

---

58) contract giving the right, not the obligation, to buy or sell a specific quantity of one foreign currency in exchange for another at a fixed price, called the exercise price or strike price. The buyer of a currency option pays a premium to the seller. American-style options are exercisable on any date up to the contract expiration date; in contrast, European style options only can be exercised at specific future dates.

개월 만기어음을 받았다면, 어음을 할인하지 않는 한 수출업자는 3개월후의 환율에 따라 원화금액이 불확실하게 변동한다. 또는 중국으로부터 1,000,000元 분량의 자동차 부품을 수입한 한국의 수입업자가 대금을 1개월 후에 지급하기로 하였다면, 1개월 후의 시장환율에 따라 소요되는 원화의 금액이 달라지는 변동성이 있다.

즉 위엔(元)화가 현재보다 평가절상이 되면 절상분 만큼 더 원화가 필요하게 되어 손실이 발생하고, 반대로 위엔화가 평가절하가 되면 원화가 덜 필요하게 되어 절하분 만큼의 이익이 발생할 수도 있다. 환율변동에 따라 이익이 발생하든 손실이 발생하든 이러한 변동성을 재무에서는 위험이라 하므로 이러한 위험으로부터 벗어나는 방법 중의 하나가 옵션이다.

〈예〉 다음의 예에서 옵션을 선물환과 비교하여 그 장점과 단점을 이해해 보자. (주) sHm Coffe & Co는 5월 1일 대만에 커피원두 1 ton을 수출하고 3개월 후에 대금 NT$250,000을 받기로 하였다. 이 회사의 자본비용은 10.00%이고, 선물시장에서의 시장기준 조건은 다음과 같다.

풋옵션put option 매도	선물환 매입
만기 8월 1일 행사가격 33원/NT$ 옵션프리미엄 1/2원/NT$ 거래규모 NT$250,000	만기 8월 1일 3개월물 선물환율 33원/NT$ 거래규모 NT$250,000

풋옵션을 매수할 경우 (buying put option, short position), 3개월 후 최소한 8,250,000원 (33원×NT$250,000)에서 옵션 프리미엄을 뺀 금액을 확보할 수 있다. 옵션 프리미엄은 125,000원 (1/2원×NT$250,000)이고 이 프리미엄에 대한 자본비용은 3,125원 (2.5%×125,000원)이므로 8,250,000원에서 프리미엄과 자본비용을 제하면 8,121,875원 이상으로 미래의 환위험을 회피하였다. 선물환을 매도할 경우에는 8,250,000원 (33원×NT$250,000)으로 고정된다.

3개월 후 New Taiwan dollar (NT$)가 평가 절상되어, 예를 들어 1NT$ = 35원이면 (주) sHm Coffe & Co가 옵션을 행사할 경우 33원 밖에 받지 못하므로, 시장에서 매도를 하면 8,750,000원을 받아 옵션비용 128,125원을 차감하면 8,621,875원이 된다. 반대로 NT$가 평가절하되어 1NT$ = 30원일 경우 시장에 매도하면 7,500,000원 밖에 받지 못하므로 33원에 팔 권리인 풋 옵션을 행사하여 위의 8,121,875원을 보장 받게 된다.

그러므로 재무담당이사는 3개월 후의 NT$250,000에 대해 선물환을 통하여 '825만원'으로 고정할 것인지, 아니면 옵션을 통하여 '약 812만 원 이상'을 확보할 것인지를 선호하는 바대로 선택하면 된다. 옵션의 장점은 이와 같이 자산의 가치하락 위험에 대비하여 가격이 하락하는 것을 방지하는 반면, 실제로 옵션가격은 평균적인 환율예상 변동분보다 비싸기 때문에 비용이 많이 드는 단점이 있다. 이는 마치 총 자동차 사고 보상액보다 총 보험료의 합이 큰 것과 같은 이치이다. 옵션에도 선물시장에서 지불해야 하는 비용과 수수료 등이 포함되기 때문이다.

3) 금리스왑

금리스왑interest rate swaps[59]은 신용도가 다르고 서로 선호하는 금리형태가 다른 두 기업이 자신이 차입한 금리의 형태를 차입함으로써 서로 이익을 얻게 되는 파생상품이다.

〈예〉 다음의 예로 금리스왑의 원리를 보자.
Ace 기업과 Bee 회사는 다음 표와 같이 각자 £1,000,000의 자금을 차

---

59) **interest rate swaps** An interest-rate swap is an arrangement whereby two parties (called counterparties) enter into an agreement to exchange periodic interest payment. No principal (no notational amount) is exchanged between parties to the transaction; only interest is exchanged. In its most common and simplest variation, one party agrees to pay the other a fixed rate of interest in exchange for a floating rate.

입하고 그 이자를 각각 고정금리와 변동금리로 지불하기로 하였다. 그러나 Ace 회사는 자사가 타사에 대여한 같은 금액에 대한 이자를 변동금리로 받기로 하였고, 또한 차입시에는 확률적으로 고정금리보다 변동금리가 싼 것을 알고 있다.

기업 Bee는 고정금리보다 싼 것 같아 변동금리를 선택하였는데, LIBOR의 변동에 따라 지급해야 할 이자도 변동하므로 이자의 변동에 예민해지고 불안하다. 그래서 지급이자금액이 일정한 고정금리로 바꾸기를 원한다.

이 두 회사가 금리를 서로 바꿀 경우swap의 이익을 계산해 보자.

〈표〉 차입가능 이자율과 금리스왑

차입금 £1,000,000	기업명 (신용도)	Ace 기업 (AAA)	Bee 회사 (BBB)
차입가능이자률	고정금리 변동금리	10.00% LIBOR+0.25%	12.00% LIBOR+0.75%
실제선택금리		10.00%	LIBOR+0.75%

먼저 두 기업의 고정금리와 변동금리의 위험 프리미엄risk premium 차이를 계산하면;

$(12.00\%-10.00\%)-\{(LIBOR+0.75\%)-(LIBOR+0.25\%)\}=1.50\%$이다. 그러므로 한 기업이 얻는 이익은 0.75%이다. 이 이익이 발생하는 과정을 상세히 설명하면 다음과 같다.

먼저 Bee 회사는 Ace 기업에게 11.25%의 이자를 지급하는 조건으로 자신이 지급해야 할 변동금리인 LIBOR+3/4%를 A에게 위임한다. 이 시점에서 Bee 회사는 변동금리의 위험에서 벗어나고, Ace 기업이 없었다면 12.00%의 고정금리로 차입할 수밖에 없었음을 감안하면 0.75% (12.00%-11.25%) 의 이익이 발생하였다.

한편 Ace 기업은 Bee 회사로부터 받은 11.25%의 금리로 자신이 고정금리로 차입한 금액의 이자 10.00%를 지급하고 나면 1.25%의 여분이 발생한다.

하지만 Ace 기업은 Bee 회사의 변동금리인 LIBOR+0.75%를 지급해야 하는데, 이는 자신들이 처음에 빌릴 수 있었던 변동금리에 비해 0.50% 더 높은 이자를 지불해야 하는 셈이다. 그러나 발생한 여분 1.25%에서 차감하면 결국 이자율 스왑을 통하여 0.75%의 이익이 발생한다.

4) 통화스왑

통화스왑[60]은 신용도가 서로 다른 두 회사가 통하이 교한을 통하여 선호하는 통하를 싸게 차입하는 수단이다.

〈예〉 다음 〈표〉와 같이 Ace 기업은 고정금리로 US$를 차입하려하고, Bee 회사는 고정금리로 Yen화를 차입하려고 한다. 차입하려는 통화의 가치가 갑을 때 Ace 기업과 Bee 회사가 통화스왑을 통해서 이익을 볼 수 있는 최대한의 금액을 산출해 보자. 또한 은행의 이익률을 차익의 50%, 두 회사는 동등하게 이익률을 정하였을 때 통화스왑의 과정을 살펴보자.

〈표〉 각 회사별 외화차입조건

	US$	Japanese Yen
Ace	6.00%	3.00%
Bee	7.00%	5.00%

---

60) **currency swap** agreement to exchange one currency for another at an agreed upon exchange rate. In a currency swap, the holder of an unwanted currency exchanges that currency for an equivalent amount of another currency to improve the market liquidity of a currency owned or to obtain bank financing at a lower rate.

(1) 먼저 두 회사의 금리 차이를 계산하면 Ace 기업은 3.00% (6.00%-3.00%), Bee 회사는 2.00% (7.00%-5.00%)로 두 회사간 스왑시 발생하는 차익은 1.00% (3.00-2.00%) 이다. 그러므로 Ace 와 Bee 의 이익의 합은 최대 1%이다.

(2) 은행과 Ace 그리고 Bee 등 세 주체의 이익의 합이 1%이므로, 은행이 0.50% 그리고 두 회사는 각각 0.25%의 이익이 발생한다.

통화스왑의 과정을 살펴보면, US$가 필요한 Ace는 Yen화를 3.00%에 차입하여 은행에 대부한다. 그리고 Yen화가 필요한 Bee는 US$를 7%에 차입하여 은행에 대부한다.

은행은 Bee로부터 7.00%에 차입한 US$를 5.75%의 고정이자률로 Ace에 대부함으로써 1.25%의 손실이 발생하며, Ace는 원래 차입하고자 하였던 6.00%에 비하면 0.25%의 차익이 발생한다. 그리고 은행은 Ace 로부터 3.00%에 차입한 Yen화를 4.75%의 고정이자률로 Bee에게 대부한다.

그러면 Bee는 원래 차입하고자 하였던 Yen화 이자률 5% 보다 0.25% 싸게 차입한 결과이며, 은행은 1.75%의 이익이 발생한다. 이 이익분에서 Ace에게 대부함으로써 발생하였던 차손 1.25%를 빼면 0.50%의 이익이 발생하게 된다.

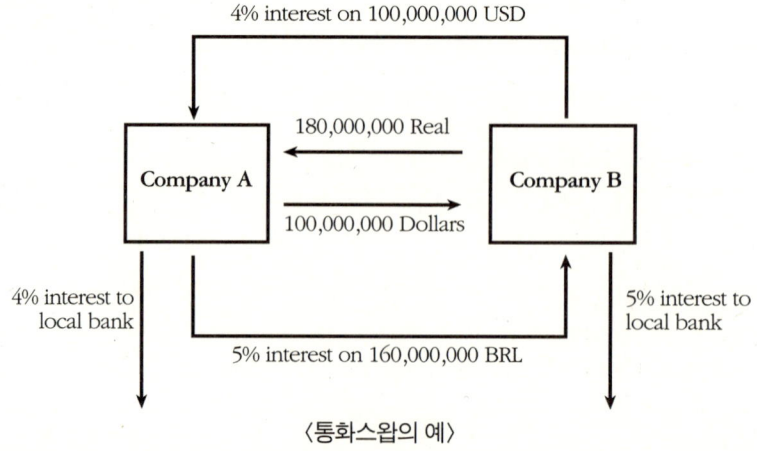

〈통화스왑의 예〉

13.
다국적기업의 외화환산

    해외사업장이나 해외종속기업을 가지고 있는 다국적기업들은 해외 각국에서의 재부상태나 경영활농 결과 능을 재부제표로 작성하는데 있어서 대부분 해외 현지국의 통화를 사용하게 된다. 그러므로 다국적기업의 실적을 산출하거나 조세목적에 있어서 여러 화폐단위로 나뉘어 있는 각국의 재무제표들을 하나의 화폐로 통일해서 보고하여야 의미 있는 재무제표 수치가 될 수 있다. 이와 같이 해외사업장이나 해외종속기업의 외화로 표시된 재무제표를 자국화폐로 표시하기 위해 환산하는 일을 외화환산foreign currency translation[61])이라고 한다.

    해외사업장이나 해외종속기업의 재무제표를 환산하는 것 이외에, 모회사에서 보고기간 중에 외화거래가 직접 발생하면 해당 외화거래를 모회사의 화폐로 환산하여 기록하여야 한다. 이러한 외화표시 자산·부채가 기말

---

61) Foreign Currency Translation The process of expresing amounts denominated or measured in one currency in terms of another currency by use of the exchange rate between the two currencies.

시점까지 존재한다면 외화표시 자산·부채는 화폐성항목과 비화폐성항목으로 분류하여 각 항목의 성격에 따라 모회사의 화폐로 환산하여야 한다.

이론적으로 외화환산의 방법에는 단순환율방법과 복합환율방법으로 나누어지며 복합환율방법은 다시 세 가지로 나누어진다. 한편, 국제회계기준(IFRS)에서는 해외사업장이나 해외종속기업의 외화환산을 현행환율법에 따라 환산하도록 규정하고 있다. 또한 외화거래가 보고기간 중에 발생하여 기말시점에 외화표시 자산·부채가 남아 있다면 다음과 같이 두 가지 방법으로 환산하도록 규정하고 있다.

즉, 당해 외화표시 자산·부채가 화폐성항목이면 마감환율, 역사적 원가로 측정하는 비화폐성항목이면 당해 비화폐성항목이 발생한 거래일의 환율, 공정가치로 측정하는 비화폐성항목이면 공정가치가 결정된 날의 환율을 적용하여 환산하도록 규정하고 있다. 이를 요약하면 다음과 같다.

해외사업장 및 해외종속기업	외화표시 자산·부채
해외사업장 및 해외종속기업의 외화로 표시된 재무제표를 현행환율로 환산하여 국내본사 및 국내 지배기업의 재무제표와 합산	국내 기업의 재무상태표에 외화표시 자산·부채가 있는 경우 – 화폐성항목: 마감환율로 환산 – 비화폐성항목 　• 역사적 원가로 측정되는 비화폐성항목: 거래일 환율로 환산 　• 공정가치로 측정되는 비화폐성항목: 공정가치 측정일 환율로 환산 　* 이와 같이 외화항목을 해당 항목이 측정된 시점(거래일 또는 공정가치 측정일)의 환율로 환산하는 것을 시제법temporal method 또는 속성법이라 한다.

1. 단순환율방법(현행환율법)

현행환율법current rate method은 단순환율방법으로서 유럽국가와 영국계 기업들이 오랫동안 사용해 온 방법이다. 외화로 표시되어 있는 자산과 부채는 현재환율로 환산하게 된다. 여기서 현재환율이란 재무상태표(대차대조표) 작성일의 마감환율을 의미한다.

또한 손익계산서에 적용하는 환율은 거래의 경우 실제 거래시점의 환율이나 일정기간의 환율변동이 유의하지 않다면 거래시점의 환율대신 편의상 해당기간의 평균환율을 사용할 수 있다. 이러한 환산과정에서 발생한 환산차이는 해외사업환산차이라는 과목으로 자본의 별도 항목으로 표시된다.

현행환율법을 사용할 경우 재무상태표(대차대조표)에서는 자본을 제외한 모든 환율이 같은 현행환율이므로 외화표시 당시의 여러 가지 재무비율이 변하지 않는다는 장점이 있으나, 작성일을 미래로 보았을 때 환산의 위험에는 그대로 노출되어 있는 단점이 있다.

2. 복합환율방법

1) 유동성-비유동성 방법

유동성-비유동성 방법current-noncurrent method에서는 해외사업장 및 해외종속기업의 유동성 자산과 부채는 현행환율을 적용하여 본사 및 지배기업(모회사)의 화폐단위로 환산한다. 이외의 비유동성 자산과 부채는 역사적 환율을 적용한다.

유형자산의 감가상각depreciation이나 무형자산의 상각amortization을 제외한 손익계산서 항목들은 해당기간 동안의 평균환율로 환산한다. 유형자산의 감가상각이나 무형자산의 상각은 취득 당시의 환율인 역사적 환율로 환산한다. 이 방법도 현행환율법과 마찬가지로 외화현금, 미수금, 재고자산 등의 유동자산을 작성기준일인 기말시점의 환율로 환산하면 그 금액만큼 환위험에 노출되는 결과가 된다.

2) 화폐성-비화폐성 방법

화폐성-비화폐성 방법monetary-nonmonetary method에서는 화폐성 자산과 부채는 현행환율로 환산한다. 화폐성 자산과 부채란 현금이나 예금, 외상매출금, 채권, 부채 등 시간이 경과하거나 인플레이션 등에 의해 그 화폐가치가 변하더라도 일정한 금액으로 표시되는 항목들이다. 유형자산이나 장기투자금액 그리고 재고자산 등의 비화폐성 자산은 역사적 환율을 사용한다. 손익계산서 상의 항목들은 유동성-비유동성 방법과 마찬가지로 해당기간 동안의 평균환율로 환산한다.

다른 점은 화폐성 자산과 부채가 환위험에 노출된다는 것이다. 왜냐하면 화폐성 항목들이 일정한 금액으로 표시되기 때문에 현행환율을 사용한다는 의미는 해당자산의 가치를 동등한 현지 화폐로 표시하는 것이기 때문이다.

3) 시제법

시제법temporal method은 화폐성-비화폐성 방법과 매우 유사하지만 재고자산과 투자자산에 대한 환산에서 차이가 있다. 비화폐성 항목이 역사적 원가로 측정되는 경우에는 역사적 환율로 환산하고, 비화폐성 항목이 공정가치로 측정되는 경우에는 공정가치가 측정된 날의 환율로 환산한다.

그리고 화폐성 자산은 그대로 현행환율을 적용한다. 시제법에서는 비화폐성 항목 중 역사적 원가로 측정되는 경우에는 원래의 가치를 보전한다. 예를 들어, 역사적 원가 (과거의 가격)로 표시된 외화 장부상의 자산은 거래일의 환율 즉, 역사적 환율로 환산한다. 그 이유는 역사적 환율에 의해 환산된 외화표시 역사적 원가는 현지화폐의 역사적 원가를 의미하기 때문이다.

설명한 네 가지 환산법 중에서 현행환율법은 해외에서의 경영이 그대로 환위험에 노출되어 있는 방법이고 나머지 세 가지는 어느 회계항목이 환위험에 노출될 것인가를 지정하는 방법이라 할 수 있다.

재무상태표(대차대조표)의 외화환산 종류[62]

	단순환율방법	복수환율방법		
	Current	(1) Current-Noncurrent	(2) Monetary-Nonmonetary	(3) Temporal
Cash	C	C	C	C
Accounts receivable	C	C	C	C
Inventories				
Cost	C	C	H	H
Market	C	C	H	C
Investments				
Cost	C	H	H	H
Market	C	H	H	C
Fixed assets	C	H	H	H
Other assets	C	H	H	H
Accounts payable	C	C	C	C
Long-term debt	C	H	C	C
Common stock	H	H	H	H

C: current rate[63] (현행환율; 환산기준일이나 작성기준일)
H: historical rate[64] (역사적 환율; 과거환율, 거래시점의 환율)

---

62) SFAS(Statement of Financial Accounting Standard) No. 52 (1981)

63) **Current Rate** The exchange rate in effect at the relevant-financial-statement date.

64) **Historical Rate** The foreign-exchange rate that prevailed when a foreign-currency asset or liability was first acquired or incurred.

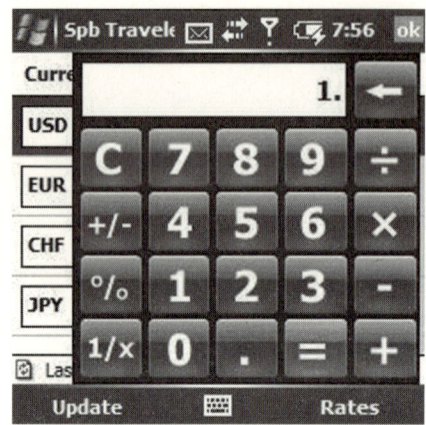

〈외화환산 Foreign Excgange Translation〉

〈외화거래 Foreign Excgange Transaction〉

14.

감가상각

1. 감가상각의 의의 및 필요성

유형자산有形資産, property, plant and equipment이란 기업이 영업활동에 사용하기 위해 보유하고 있는 물리적 형체가 있는 자산으로 1년을 초과하여 사용할 것으로 예상되는 자산이다.

유형자산은 최초에 취득원가acquisition cost를 기준으로 재무상태표의 자산으로 인식한다. 왜냐하면 취득원가는 유형자산의 취득시점에서 당해 자산의 가치를 가장 객관적으로 나타내는 척도이기 때문이다. 유형자산의 종류로는 토지, 건물, 기계장치 등의 설비자산, 사무용가구와 비품, 공기구, 트럭이나 승용차 등의 차량운반구, 컴퓨터 등이 있다.

반면, 무형자산無形資産, intangible assets은 물리적 형체는 없지만 기업이 영업활동에 사용하기 위해 보유하는 무형의 자산을 말한다. 예를 들어, 영업권, 특허권, 프랜차이즈, 라이선스, 컴퓨터소프트웨어, 저작권 등이 있다. 무형자산은 유형자산과 달리 물리적 형체가 없다는 점과 무형자산이 자산으로서 미래 경제적 효익을 창출하는데 높은 불확실성이 존재한다는 점에서 차이가 있다.

유형자산 중에서 토지를 제외한 유형자산은 시간의 경과나 사용에 따라 그 가치가 소멸되어 자산 본래의 기능을 상실함으로써 유형자산을 보유하고 있는 기업에게 더 이상 경제적 효익을 제공하지 못한다.

따라서 유형자산의 사용기간 동안 취득원가를 일정한 방법에 따라 회계기간별로 배분시킴으로써 재무상태표에 표시된 유형자산의 장부금액을 감소시킴과 동시에 그 감소액 만큼을 당기의 감가상각비라는 비용으로 계상한다. 이러한 것을 감가상각減價償却, depreciation[65]이라 한다.

반면, 무형자산은 감가상각이라는 용어대신 상각amortization이라는 용어를 사용한다. 무형자산의 상각도 유형자산의 감가상각과 마찬가지로 무형자산의 취득원가를 수익이 발생하는 일정 기간에 걸쳐 비용으로 배분시키는 과정이다.

무형자산 중에서 영업권은 다른 무형자산과 달리 상각을 하지 않는다. 즉, 영업권은 일정기간에 걸쳐 비용으로 배분시키는 상각이라는 과정을 거치지 않는 대신, 매 회계연도 말에 당해 영업권이 손상되어 가치를 상실하지 않았는지 검토하고 그 가치가 손상되었다면 손상된 만큼 손상차손이라는 손실로 인식하여야 한다.

---

65) **Depreciation** (Economics) consumption of capital during production. In other words, wearing out of plant and capital goods, such as machines and equipment. (Finance) amortization of fixed assets, such as plant and equipment, so as to allocate the cost over their depreciable life. Depreciation reduces taxable income but does not reduce cash.

유형자산에 대한 감가상각이 필요한 이유는 다음과 같다.

첫째, 재무상태표는 일정시점의 기업의 자산, 부채 및 자본에 관한 상태를 나타내는 재무제표이다. 유형자산은 매입시점에 취득원가로 평가되어 있지만 시간의 경과나 사용에 따라 그 가치가 소멸되기 때문에 매입시점에서 상당한 기간이 경과된 일정시점의 회계연도 말 재무상태표에서 당해 유형자산의 감소된 가치를 표시해주어야 한다.

둘째, 손익계산서 관점에서 보면 수익을 창출하기 위해 희생된 모든 원가는 당기의 비용으로 보고해야 한다. 제품의 판매를 촉진하기 위한 광고비나 판매원의 급여가 당기의 비용으로 처리되는 것과 마찬가지로 감가상각비도 유형자산을 사용함으로써 가치가 감소한 부분에 해당하므로 이를 비용으로 보고해야 한다. 따라서 감가상각이라는 과정을 통해 감가상각비를 비용으로 계상해주는 것이 필요하다.

감가상각방법은 각국에서 정한 일반적으로 인정된 회계처리기준GAAP, generally accepted accounting principles에 따라야 한다. 그러나 경영자가 기업의 경영전략과 같은 내부의사결정을 위해 관리목적의 내부보고서를 작성하거나 세금을 계산하기 위한 세무보고서를 작성하는 경우에는 별도의 다른 방법이나 각국의 세법에서 정한 방법에 따라 감가상각 할 수 있다.

2. 감가상각의 회계처리와 보고방법

앞서 언급한 바와 같이 유형자산의 사용기간 동안 ① 취득원가를 ② 일정한 방법에 따라 ③ 회계기간별로 배분시키는 것을 감가상각이라 하였다. 회계기간별로 배분된 금액 중 당기에 해당하는 부분을 감가상각비라는 당기비용으로 계상하고 재무상태표의 유형자산의 금액을 감소시키는 조정을 해 준다.

예를 들어 2012.1.1.에 1,000,000원을 주고 건물을 취득하였으며, 동 건물은 4년간 사용할 수 있다고 가정한다. 또한 동 건물을 4년간 사용하고 난 이후 2015.12.31. 시점에서 동 건물을 처분해서 받을 것으로 추정되는 금액은 없을 것이라고 예상하는 경우 감가상각의 회계처리와 보고방법은 다음과 같다.

 ① 취득원가 : 1,0000,000원
 ② 일정한 방법 : 여러 방법 중 매년 동일한 금액이 배분되는 방법
 ③ 회계기간별로 배분 : 취득일이 2012.1.1이고 4년간 사용할 것으로 예상하므로 2015.12.31.까지 사용 가능함. 따라서 2012.1.1.~2015.12.31.까지 4개의 회계기간에 걸쳐 배분

	2012년	2013년	2014년	2015년
재무상태표				
건 물	1,000,000원	1,000,000원	1,000,000원	1,000,000원
(감가상각누계액)*	(250,000원)	(500,000원)	(750,000원)	(1,000,000원)
장 부 금 액	750,000원	500,000원	250,000원	0원
손익계산서				
감가상각비(비용)	250,000원	250,000원	250,000원	250,000원

* 감가상각누계액은 유형자산의 취득시점 이후 감가상각비를 계상해 온 금액의 누적액을 말한다. 예를 들어, 2012년에는 취득 첫해 이므로 2012년에 해당하는 감가상각비 250,000이 누적된 금액이고 2013년에는 2012년 감가상각비 250,000원과 2013년 감가상각비 250,000원의 누적금액인 500,000원이 된다.

이 경우 취득원가에 해당하는 1,000,000원을 4년이라는 회계기간에 걸쳐 매년 동일한 금액이 되도록 배분하면 된다. 1,000,000원/4년은 매년 250,000원씩을 4년에 걸쳐 감가상각 회계처리하면 된다. 그러면 총 4년에 걸쳐 매년 250,000원씩 감가상각이라는 비용이 계상됨으로써 총 1,000,000원(4년×250,000원)에 해당하는 비용이 계상된다.

재무제표 이용자는 재무상태표를 통해 건물의 취득원가가 얼마인지 그리고 취득이후 지금까지 얼마만큼의 누적 감가상각비가 계상되어 감가상각누계액이 얼마인지 그리고 취득원가에서 감가상각누계액을 차감한 순액 즉, 장부금액이 얼마인지를 알 수 있다.

그러나 이와 같이 유형자산을 취득원가 1,000,000원으로 계속 표시하는 것을 원가모형cost model이라 한다. 국제회계기준IFRS, International Financial Reporting Standards에서는 유형자산을 취득원가가 아닌 공정가치 fair value로 표시할 수 있도록 하였으며 이는 재평가모형revaluation model이라 한다.

재평가모형은 원가모형과 다르게 유형자산을 공정가치로 평가하여 재무상태표에 표시하는 방법이다. 기업은 원가모형과 재평가모형 중 어느 한 방법을 선택하여 사용할 수 있으며, 기업이 선택한 방법을 재무제표 주석 footnotes[66]에 표시하여야 한다. 따라서 재무제표 이용자는 재무제표 본문 내용과 더불어 주석의 내용을 잘 이해하여야만 재무제표를 효과적으로 이용할 수 있다.

---

66) 주석이란 재무제표 전반 또는 재무제표 특정 항목에 기호를 붙이고 별지에 동일한 기호를 표시하여 상세내용을 세부적으로 기술하는 것을 말한다. 주석은 재무제표에 나타난 항목을 강조하거나 더욱 상세히 설명하고자 할 때 사용하는 보충수단이며 재무제표에 나타나지 않은 추가적인 정보를 제공한다.

3. 감가상각비의 결정요소

앞서 살펴본 사례에서 매년 감가상각비가 250,000원으로 계상되었다. 이와 같이 매년 감가상각비를 계상하기 위해서는 ① 취득원가, ② 감가상각방법, ③ 내용연수, ④ 잔존가치가 필요하다. 위의 사례에서 ① 취득원가는 1,000,000원, ② 감가상각방법은 매년 동일한 금액이 배분되는 방법, ③ 내용연수는 4년, ④ 잔존가치는 0이었다.

여기서 잔존가치residual value란 유형자산의 내용연수가 끝나는 시점 즉, 2015.12.31.에 당해 자산의 예상처분가액에서 예상처분비용을 차감한 금액을 말한다. 위의 사례에서는 잔존가치가 없는 것으로 가정하였으나, 만약 2015.12.31. 시점에 당해 건물의 예상처분가액이 150,000원이고 예상처분비용이 50,000원이라면 2015.12.31. 시점에 예상되는 잔존가치는 100,000원이 된다.

① 취득원가 : 1,000,000원
② 감가상각방법 : 매년 동일한 금액이 배분되는 방법
③ 내용연수 : 4년(2012.1.1.~2015.12.31.)
④ 잔존가치 : 예상처분가액 150,000원 − 예상처분비용 50,000원 = 100,000원

이 경우 취득원가에 해당하는 1,000,000원에서 2015.12.31. 시점에 예상되는 건물의 잔존가치 100,000원을 제외한 900,000원을 4년이라는 회계기간에 걸쳐 매년 동일한 금액이 되도록 배분하면 된다. 취득원가에서 잔존가치를 차감한 900,000원에 해당하는 금액을 감가상각대상금액이라 하며 감가상각대상금액을 내용연수에 걸쳐 감가상각비로 비용 계상한다.

즉, 900,000원/4년에 해당하는 225,000원을 4년에 걸쳐 매년 감가상각 회계처리하면 된다. 그러면 총 4년에 걸쳐 매년 225,000원씩 감가상각비라는 비용이 계상됨으로써 총 900,000원(4년×225,000원)에 해당하는

비용이 계상되고 나머지 100,000원에 해당하는 금액은 건물의 장부금액 100,000원이 된다. 장부금액 100,000원은 2015.12.31. 시점에서 잔존가치 100,000원과 동일한 금액이 된다.

	2012년	2013년	2014년	2015년
재무상태표				
건　　　물	1,000,000원	1,000,000원	1,000,000원	1,000,000원
(감가상각누계액)	(225,000원)	(450,000원)	(675,000원)	(900,000원)
장　부　금　액	775,000원	550,000원	325,000원	100,000원
손익계산서				
감가상각비(비용)	225,000원	225,000원	225,000원	225,000원

감가상각비의 결정요소들에 대해 좀 더 구체적으로 살펴보면 다음과 같다.

① 취득원가는 자산을 매입하기 위해 지출한 금액뿐만 아니라 당해 자산을 본래 의도한 용도로 사용가능하게 하기 위해 지출한 모든 부대원가를 포함한다. 예를 들어, 건물 가격은 900,000원이고 당해 건물 취득과정에서 건물관련 세금을 100,000원이 지출되었다면 건물의 취득원가는 1,000,000이 되는 것이다. 이와 같이 건물의 취득원가에는 건물을 본래 의도한 용도로 사용가능하게 하기 위해서 지출한 모든 금액 즉, 건물 구입비, 세금, 중개수수료 등을 모두 포함한다.

② 감가상각방법은 앞의 예에서 매년 동일한 금액이 배분되는 방법을 선택하였으나 다양한 감가상각방법이 있다. 감가상각방법에 대해서는 추후 설명하고자 한다.

③ 내용연수useful life는 일반적으로 자산의 예상 사용기간 또는 자산에서 창출할 수 있는 생산량이나 주행거리 등으로 표시하기도 한다. 예를 들어 건물의 경우는 내용연수를 예상 사용기간으로, 생산설비자산의 경우는 당해 자산이 생산해 낼 수 있는 생산량으로, 트럭이나 승용차 등 차량운반

구의 경우는 주행거리 등으로 측정할 수 있다. 내용연수는 유형자산의 물리적 마모와 기능적 진부화 등을 고려하여 물리적 내용연수와 기능적 내용연수 중에서 짧은 기간으로 추정한다.

④ 잔존가치는 유형자산의 종료시점에서 당해 자산을 처분해서 받을 것으로 예상되는 가액(예상처분가액)에서 당해 자산의 처분과 관련된 비용(예상처분비용)을 차감한 금액을 말한다. 화폐의 시간적 가치 개념을 볼 때, 현재가치에 해당하는 취득원가와 미래가치에 해당하는 잔존가치 간의 직접적인 가감승제加減乘除의 사칙계산은 무의미하다. 그러나 감가상각을 위해서는 취득원가에서 잔존가치를 차감한 감가상각대상금액을 내용연수 동안 배분해야 하므로 회계 상으로는 사용되어진다.

내용연수와 잔존가치는 자산을 처분하거나 폐기하는 시점에 가서야 정확히 알 수 있다. 그러나 감가상각을 위해서는 자산의 처분이나 폐기 이전에 내용연수와 잔존가치를 추정하여야 한다. 미래에 발생할 불확실한 상황을 감가상각이라는 회계기록을 위해서 사전에 추정하는 것이다. 기업은 재무제표의 정보유용성을 높이기 위하여 내용연수와 잔존가치에 대한 최선의 추정을 하여야 하며, 이러한 추정에 대한 상세한 내용은 주석에 상세히 기록되어 있다. 따라서 재무제표 본문에 나타난 금액 정보뿐만 아니라, 주석에 나타난 내용연수와 잔존가치의 추정의 타당성에 대해서도 분석을 하여야 만이 재무제표의 수치들이 담고 있는 의미를 올바로 이해할 수 있게 된다.

4. 감가상각방법

유형자산의 감가상각減價償却, depreciation이란 자산의 사용기간 동안 취득원가를 일정한 방법에 따라 회계기간별로 배분시킴으로써 재무상태표에 표시된 유형자산의 장부금액을 감소시킴과 동시에 그 감소액 만큼을 당기의 감가상각비라는 비용으로 계상하는 것이다.

감가상각을 위해서는 매년 비용으로 인식할 감가상각비를 계상하여야 하는데, 감가상각비를 계상하는데 필요한 요소 네 가지 중 감가상각방법에 대해 살펴보자.

감가상각방법은 자산의 미래경제적 효익이 소비되는 행태를 반영하는 체계적이고 합리적인 방법이어야 한다. 국제회계기준IFRS에서는 정액법, 체감잔액법(정률법, 이중체감법, 연수합계법), 생산량비례법 등을 감가상각방법의 예시로 들고 있다.

자산의 사용기간 동안 취득원가를 회계기간별로 배분시켜 비용으로 계상하는 것이 감가상각이므로 취득원가를 배분시키는 방법은 당해 자산이 가지고 있는 효익이 소비되는 행태를 반영하는 합리적인 방법이어야 한다. 예를 들어, 자산이 가지고 있는 효익이 소비되는 행태가 매년 일정한 금액으로 소비가 된다면 감가상각방법도 매년 동일한 금액이 배분되어 매년 같은 금액이 감가상각비로 비용계상 되는 방법으로 선택되어져야 한다. 이러한 방법을 정액법이라 한다.

다음의 사례를 이용하여 여러 가지 감가상각방법에 대해 살펴보고 상호 비교해 보자.

- 취득원가 : 1,000,000원
- 내용연수 : 4년(2012.1.1.~2015.12.31.)
- 잔존가치 : 예상처분가액 150,000원 - 예상처분비용 50,000원 = 100,000원

1) 정액법 straight-line method

정액법은 매년 동일한 금액이 감가상각비로 계상되는 방법이다. 따라서 정액법을 균등액상각법 또는 직선법이라 한다. 유형자산이 가지고 있는 효익이 소비되는 행태가 매년 일정한 금액으로 소비가 된다면 당해 유형자산의 감가상각방법도 매년 동일한 금액이 배분되도록 하는 정액법이 합리적이다. 미국 공인회계사회의 조사67)에 의하면 미국기업 600개 중에서 577개가 소유 자산의 일부분을 정액법에 따라 감가상각한다고 발표하였다. 우리나라의 경우에도 기계장치, 공기구, 차량운반구의 유형자산은 정액법과 정률법의 사용 정도가 비슷한 비율을 보이는 반면, 건물의 경우 대부분의 기업이 정액법에 따라 감가상각하는 것으로 나타났다.

산식 : 감가상각비 = (취득원가-잔존가치) × 1/내용연수

〈정액법에 의한 감가상각〉

(단위 : 원)

차수(연도)	산식	감가상각비	감가상각누계액	장부금액
2012.1.1.				1,000,000
1차 (2012.12.31.)	900,000 × 1/4	225,000	225,000	775,000
2차 (2013.12.31.)	900,000 × 1/4	225,000	450,000	550,000
3차 (2014.12.31.)	900,000 × 1/4	225,000	675,000	325,000
4차 (2015.12.31.)	900,000 × 1/4	225,000	900,000	100,000
합 계		900,000		

---

67) AICPA, Accouting Trends and Techniques, George N. Dieta, Richard Rikert, and Andy Mrakovic, eds., 53re ed. New York: 1999, p. 359.

2) 체감잔액법 declining balance method

체감잔액법은 초기에는 많은 금액이 감가상각비로 계상되고 기간이 경과할수록 감가상각비가 점차 감소하는 감가상각방법이며, 가속상각법 accelerated depreciation method라고도 한다. 체감잔액법의 대표적인 예로 정률법, 이중체감법, 연수합계법 등이 있다.

유형자산이 가지고 있는 효익이 소비되는 행태가 초기에는 많이 소비되고 기간이 경과할수록 적게 소비된다면 당해 유형자산의 감가상각방법도 체감잔액법 중 하나의 방법으로 선택하는 것이 합리적이다.

(1) 정률법 fixed-percentage-of-declining-balance method

정액법이 매년 동일한 금액이 감가상각비로 계상되는 방법인 반면, 정률법은 유형자산의 기초 장부금액에 매년 동일한 정률법상각률을 적용하여 감가상각비를 계상하는 방법이다.

산식 : 감가상각비 = 기초 장부금액 × 정률법상각률*

$$* \text{정률법상각률} = 1 - (\text{잔존가치}/\text{취득원가})^{1/n}$$
$$= 1 - (100{,}000/1{,}000{,}000)^{1/4} = 0.438$$

〈정률법에 의한 감가상각〉

(단위 : 원)

차수(연도)	산식	감가상각비	감가상각누계액	장부금액
2012.1.1.				1,000,000
1차 (2012.12.31.)	1,000,000 × 0.438	438,000	438,000	562,000
2차 (2013.12.31.)	562,000 × 0.438	246,156	684,156	315,844
3차 (2014.12.31.)	315,844 × 0.438	138,340	822,496	177,504
4차 (2015.12.31.)	177,504 × 0.438	77,504*	900,000	100,000
합 계		900,000		

* 4차년도 감가상각비를 정확히 계산하면 177,504×0.438=77,747원이지만, 마지막년도에 잔존가치가 100,000원이 되도록 4차년도 감가상각비를 77,504원으로 조정한다. 이러한 차이가 발생하는 이유는 감가상각률 계산시 반올림하여 소수점 세 자리까지만 구했기 때문이다.

(2) 이중체감법 double-declining-balance method

이중체감법은 정률법과 유사한 방법으로 상각률을 정액법의 두 배로 하여 매년 감가상각비를 계상하는 방법이다. 예를 들어 정액법에 의하면 내용연수가 4년인 경우 4년에 걸쳐 매년 25%에 해당하는 금액을 감가상각비로 계상하여야 한다. 그러나 이중체감법으로 할 경우 25%의 두 배에 해당하는 50%를 매년 감가상각비로 계상하는 방법이다.

산식 : 감가상각비 = (취득원가-잔존가치) × (1/내용연수) × 2

〈이중체감법에 의한 감가상각〉

(단위 : 원)

차수(연도)	산식	감가상각비	감가상각누계액	장부금액
2012.1.1.				1,000,000
1차 (2012.12.31.)	1,000,000×1/4×2	500,000	500,000	500,000
2차 (2013.12.31.)	500,000×1/4×2	250,000	750,000	250,000
3차 (2014.12.31.)	250,000×1/4×2	125,000	875,000	125,000
4차 (2015.12.31.)	―	25,000*	900,000	100,000
합 계		900,000		

* 마지막년도에 잔존가치가 100,000원이 되도록 4차년도 감가상각비를 25,000원으로 조정한다.

(3) 연수합계법 sum-of-the-years'-digits method

연수합계법인 취득원가에서 잔존가치를 차감한 감가상각대상금액에 연수합계법상각률을 곱하여 감가상각비를 계상한다. 연수합계법상각률이라 함은 잔여 내용연수를 내용연수의 총합계로 나눈 것을 말한다.

산식 : 감가상각비 = 감가상각대상금액 × 연수합계법상각률*

---

* 연수합계법상각률 = 잔여 내용연수 / 내용연수 총합계
1차년도: 4/10, 2차년도: 3/10, 3차년도: 2/10, 4차년도: 1/10

〈연수합계법에 의한 감가상각〉

(단위 : 원)

차수(연도)	산식	감가상각비	감가상각누계액	장부금액
2012.1.1.				1,000,000
1차 (2012.12.31.)	900,000 × 4/10	360,000	360,000	640,000
2차 (2013.12.31.)	900,000 × 3/10	270,000	630,000	370,000
3차 (2014.12.31.)	900,000 × 2/10	180,000	810,000	190,000
4차 (2015.12.31.)	900,000 × 1/10	90,000	900,000	100,000
합 계		900,000		

3) 생산량(사용시간)비례법 activity method

생산량비례법인 내용연수를 기준으로 하지 않고 자산이 생산할 수 있는 총생산량, 총 사용시간 및 총 주행거리 등에 비례하여 감가상각비를 계상하는 방법이다. 그러나 생산량비례법이 비현실적이라는 비판도 있다. 예를 들어, 기계장치의 경우 생산량비례법으로 감가상각을 하고자 할 경우 총생산량을 추정하기가 현실적으로 어려울 수 있다. 또한 상각의 대상이 기계장치 자체이어야 하는데 생산량비례법의 경우는 해당 기계장치가 생산하는 생산량을 기준으로 기계장치의 가치 감소분을 계상하므로 측정상의 문제가 발생할 수도 있다.

앞의 예에서 해당 자산이 트럭 등 자량운반구라 할 경우 주행거리에 따라 당해 자산의 감가상각비를 계상할 수 있다. 총 주행거리가 100,000km

$$
\text{산식: 감가상각비} = (\text{취득원가} - \text{잔존가치}) \times \frac{\text{당기 주행거리 (사용시간 또는 생산량)}}{\text{총 주행거리 (사용시간 또는 생산량)}}
$$

〈생산량비례법에 의한 감가상각〉

(단위 : 원)

차수(연도)	산식	감가상각비	감가상각누계액	장부금액
2012.1.1.				1,000,000
1차 (2012.12.31.)	900,000× 30,000/100,000	270,000	270,000	730,000
2차 (2013.12.31.)	900,000× 20,000/100,000	180,000	450,000	550,000
3차 (2014.12.31.)	900,000× 40,000/100,000	360,000	810,000	190,000
4차 (2015.12.31.)	900,000× 10,000/100,000	90,000	900,000	100,000
합 계		900,000		

라고 하고, 1차년도 주행거리 30,000km, 2차년도 주행거리 20,000km, 3차년도 주행거리 40,000km, 4차년도 주행거리 10,000km이라고 한다면 매년 감가상각비는 앞과 같다.

다음은 앞에서 살펴본 다양한 감가상가방법에 따른 매년도별 감가상각비 계상금액을 비교해 보고자 한다.

차수(연도)	정액법	체감잔액법			생산량 비례법
		정률법	이중체감법	연수합계법	
1차 (2012.12.31.)	225,000	438,000	500,000	360,000	270,000
2차 (2013.12.31.)	225,000	246,156	250,000	270,000	180,000
3차 (2014.12.31.)	225,000	138,340	125,000	180,000	360,000
4차 (2015.12.31.)	225,000	77,504	25,000	90,000	90,000
합 계	900,000	900,000	900,000	900,000	900,000

앞에서도 언급한 바와 같이 정액법은 4년의 내용연수 동안 감가상각비가 225,000원으로 매년 일정하고 체감잔액법에 해당하는 정률법, 이중체감법, 연수합계법은 내용연수 초기에 비해 후기로 갈수록 점차 감가상각비가 감소하는 것을 볼 수 있다. 반면, 생산량비례법인 생산량에 따라 감가상각비가 결정되는 것이므로 증가(감소)의 형태를 일반화시켜 논하기는 어렵다.

국제회계기준IFRS에서는 해당 자산으로부터 예상되는 미래 경제적 효익의 소비 행태를 가장 잘 반영하고 수익과 비용을 적절히 대응시킬 수 있는 합리적인 방법에 따라 감가상각 하도록 하고 있다. 또한 자산에서 예상되는 미래 경제적 효익의 소비 행태가 변하지 않는 한 이를 매기 계속 적용하도록 하고 있다.

이하에서는 일반적으로 사용되어지는 정액법, 체감잔액법(정률법, 이중체감법, 연수합계법), 생산량비례법 이외에 특수한 상황에서 적용될 수 있는 여러 가지 형태의 감가상각방법에 대해 알아보자.

4) 재고법 inventory method

재고법은 소액이면서 다량인 유형자산의 감가상각방법으로 자주 사용되어 진다. 취득원가가 낮고 수량이 많으며 마모나 분실의 가능성이 높은 공기구 등의 경우에 재고법을 사용하면 간단하다.

〈예〉 2012.1.1.에 공기구 잔액이 1,000,000원 있었고, 2012년 중에 새로운 공기구를 3,000,000원어치 취득하였다. 이 경우 기업이 영업에 사용할 수 있는 공기구는 총 4,000,000원이 된다. 그러나 2012.12.31. 시점에 당해 공기구의 공정가치를 구해보니 2,500,000원인 것으로 나타났다. 그렇다면 공기구의 자산가치가 1,500,000원어치 감수한 것이다.

2012.12.31.일자 재무상태표에 유형자산 중 공기구는 2,500,000원으로 표시되어져야 하고, 2012년의 손익계산서에는 1,500,000에 해당하는 감가상각비가 비용으로 계상되어져야 한다.

5) 폐기법과 교체법 retirement and replacement method

폐기법은 폐기되는 자산의 원가를 폐기연도의 감가상각비로 계상하는 방법이고, 교체법은 교체되어 새로 취득하는 자산의 원가를 교체연도의 감가상각비로 계상하는 방법이다.

〈예〉 2011년에 단위당 취득원가가 100,000원인 유형자산을 10개 취득하고, 2012년 중에 10개 중 3개를 폐기하고 폐기된 3개를 대체하기 위하여 새로운 유형자산을 단위당 취득원가 130,000원으로 취득하였다.

폐기법에 따르면 단위당 취득원가 100,000원인 자산 3개가 폐기되었으므로 300,000원이 2012년도 감가상각비로 계상되어야 하며, 교체법에 따르면 단위당 취득원가가 130,000원인 자산이 교체되었으므로 390,000원이 2012년도 감가상각비로 계상되어야 한다.

폐기법과 교체법은 철도, 가스, 전기, 전화 등 공익사업에서 사용되는 철로, 배관파이브, 전신주, 전화선 등과 같이 단위당 취득원가가 소액이면서 수량이 많은 유형자산의 감가상각방법으로 사용되어 진다.

6) 조별법과 종합법 group and composite method

조별법은 유형자산의 성격 및 내용연수가 유사한 자산을 한 그룹으로 묶어서 단일자산처럼 감가상각하는 방법이다. 종합법은 유형자산의 성격 및 내용연수가 상이한 자산을 한 그룹으로 묶어서 단일자산처럼 감가상각 하는 방법이다.

조별법과 종합법의 장점은 회계처리가 간단하다는 점이다. 그러나 회계처리방법의 편의성을 추구하여 조별법과 종합법을 사용하는 것은 바람직하지 않으며, 조별법과 종합법의 사용으로 회계정보가 심각하게 왜곡될 가능성이 있다면 조별법과 종합법은 사용되어져서는 안 된다.

조별법과 종합법에 있어서 자산의 내용연수는 당해 그룹에 속한 자산의 평균 내용연수로 하여 감가상각비를 계상한다.

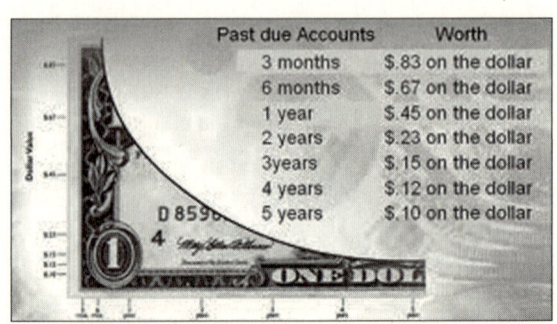

〈감가상각〉

15.
국제조세

　국제조세International taxation는 대부분 다국적 기업들의 해외영업에서 발생하는 이익에 대한 과세 규칙과 절차를 주 내용으로 한다. 기업의 시각에서 보면 각국의 조세환경에 따라서 기업의 순이익 산출에 유리한 지역으로의 이동 요인이 될 수 있다. 개도국이나 선진국을 포함하여 많은 국가들은 고용창출과 유입자금의 증가를 위해 다국적기업을 유치하기 위해 노력

하고 있다. 이러한 유치노력에서 제공되는 유인조건incentive에 세제 혜택이 주로 포함된다.

1. 세금혜택의 종류

1) 조세 피난처

조세 피난처Tax Haven[68]는 소득에 대한 세금이 없거나 매우 낮은 국가이다. 한 국가 안에서의 경영활동에서 발생한 소득에 대해 높은 세금을 부과하지 않고, 자금의 이동도 자유로운 지역이다. 그러므로 많은 다국적 기업들이 세율이 높은 국가에서의 수입을 조세 피난처로 옮기는 일도 있다.

소득세가 낮은 국가나 지역에서는 이에 상응하여 판매세sales tax 등이 높을 수도 있으므로 유의해야 할 필요가 있다. 높은 판매세는 그 만큼의 상품가격을 증가시켜 매출을 낮출 수도 있기 때문이다.

그리고 조세피난처 자회사는 실질적인 경영성과를 목적으로 설립된 해외 자회사가 아니라 세율이 높은 국가로부터의 세금을 최소화하기 위한 목적으로 조세피난지역에 설립된 회사이다.

2) 면세기간

면세기간Tax Holiday[69]은 대부분 피투자국에서 직접투자의 유인을 목적으로 초기투자 후 3년에서 5년 정도의 기간 동안 법인세를 면제하는 일종의 세제혜택이다. 면세기간은 초기투자이외에도 추가적인 투자 사업에도

---

68) **Tax Haven** A country that has either no or very little taxation of foreign source income making it an ideal place to shelter country.
   Tax Haven Subsidiary A division of a multinational company based in a tax haven country in order to minimize the company's income tax obligations.

69) **Tax Holiday** Period of time during which a government does not charge an enterprise any taxes.

적용할 수 있다. 이에 대하여 투자기업들은 감가상각비의 비용계상을 뒤로 미루는 등 면세기간 동안 영업을 극대화할 수 있는 투자전략을 수립하여 이익을 극대화한다.

3) 세액공제

세액공제Tax Credit[70]는 납부해야 할 세금의 금액 즉, 세액에서 일정금액을 차감하는 일이다. 과세대상의 항목을 차감하여 적용 세율만큼의 세금을 줄여주는 소득공제와 구별되는 방법이다. 세액공제는 보통 국가 간 조세협약[71]에 따라 다국적 기업의 이중과세를 방지하기 위해서 만들어졌다. 본국의 법인세가 20%이고, 현지국의 세금이 15%인 경우에 해당기업은 현지국에서 15%를 납부하고 본국에서는 5%만 내면 된다.

즉 본국세금 20%에 대해 15%의 세액을 공제받는 방법이다. 실제로는 국가 간 회계기준의 차이에 의한 과세항목의 차이로 일정한 비율로 세액공제를 하기는 어려우므로, 본국에서 계산된 세액 중 현지국에서 납부한 실지세액을 차감하게 된다. 그러나 현지국의 세액이 더 많은 경우에는 본국에서 본국세액과의 차이를 돌려받을 수는 없다.

4) 소득공제

소득공제Tax Exemption[72]는 소득이나 이자 등 이익을 발생시키는 항목에 대해서 과세를 면제하여 주는 방법이다. 혹은 과세대상 소득의 합에서 공제대상이 되는 항목을 차감하여 과세대상소득을 낮추는 방법이다. 소득

---

70) **Tax Credit** A direct reduction in tax liability, as distinguished from a tax deduction, which reduces taxes only by the percentage of a taxpayer's tax bracket. Authorization for a domestic company to reduce taxes payable by the amount of taxes paid to the government in another country.

71) 조세협약국 (Tax Treaty Countries)은 한국을 포함하여 70개국 정도로 구성되어 있으며, 대부분 국가들은 신고가능 소득에 제한을 두지 않고 있다.

72) **Tax Exemption** A tax exemption allows certain corporations to pay no tax on ceryain income.

공제의 세금차감 방법은 국내의 소득공제와 유사하다. 다만 국내에서는 소득공제가 적용되는 항목이나 금융상품에서의 소득공제 항목 등이 비교적 형평성을 고려하여 규정되어 있으나, 다국적기업을 대상으로 한 소득공제는 개별기업간 협약에 따른다.

5) 조세 균등화

조세균등Tax Equalization[73]은 현지국의 혜택이라기보다 현지국에 진출한 기업으로부터 운영되는 세금관리기법이다. 조세균등의 목적은 크게 두 가지로 나눌 수 있다.

첫째는 해외 파견 근무자가 현지국과 본국에서의 이중과세를 방지하기 위한 목적이 있다. 다른 하나는 세율이 높은 지역에 파견된 근무자들의 세금충격이나 재정적 흐름을 안정화하는 목적이다.

조세균등의 주 역할은 고용자 혹은 회사이며, 본국과 현지국에 대한 납세의무의 책임을 진다. 회사는 급여일에 일정한 금액을 원천징수하여 세금납부일에 실제의 금액을 정산하여 초과금액을 지급하거나 부족금액을 추가 징수하게 된다.

2. 이전가격 결정

이전가격Transfer Pricing[74]은 해외의 종속기업들 간이나 해외 종속기업과 지배기업과의 거래에서 책정되는 제조원가나 상품의 가격을 말한다. 주로 다국적 기업의 내부거래에서 발생하는 이전가격은 양국간 세율이 다를 경우에 한해 이전가격의 조정에 따라 부담하는 세금이 변화한다. 그러므로 각국의 세율이 다국적 기업의 초기투자 결정에 영향을 미치는 요소이기도 하지만, 이전가격의 조정으로 변동분에 따라 발생하는 세후 이익을 조절할

---

73) **Tax Equalization** Situation where companies withhold an amount equal to the home country tax obligation of the expatriate employee or parent company national, and the employer pays all host country taxes.

수도 있다. 무리한 이전가격의 조정은 세율이 높은 국가의 징수가능 세금이 감소하는 등의 피해가 발생하므로 이전가격조작^{manipulation}이라고도 부른다.

이전가격의 조정 혹은 조작 방법은 매우 단순하다. 세율이 높은 국가에서의 세전이익을 낮추고, 반대로 세율이 낮은 국가에서의 세전이익은 그만큼 높이는 방법이다. 즉, 세율이 낮은 국가에 속한 기업(MA)이 상품의 판매가격을 인상(2,000→2,500)하여 세율이 높은 국가에 속한 기업(DMA)에게 판매하는 경우 다른 모든 비용은 일정하므로 세율이 높은 국가에 속한 기업(DMA)의 세전이익이 감소(600→100)한다. 왜냐하면 세율이 높은 국가에 속한 기업(DMA) 입장에서는 수입한 상품의 가격이 제조원가(또는 매출원가)에 해당하므로 높아진 제조원가만큼(500) 세전이익이 감소(500)하게 된다. 그러니 세율이 낮은 국기에 속한 기업(MA) 입장에서는 세전이익이 증가(700→1,200)하지만 낮은 세율로 인해 상대적으로 적은 세액을 납부하게 되므로 전체 기업(CC) 측면에서 볼 때는 세금의 감소(415→340)가 발생한다.

---

74) **Transfer Price and Transfer Pricing** the price charged on goods sold between companies that are related through stock ownership, such as parent company to subsidiary or between two subsidiaries owned by the same parent company. This concept is used where each entity is managed as a profit center - that is, held responsible for its own reurn on invested capital - and must therefore deal with the other internal parts of the corporation on an arm' s-length (or market) basis.

이전가격조작 전

	MA	DMA	CC
Sales	**2,000**	2,700	2,700
- Cost of Goods Sold	-1,000	**-2,000**	-1,000
Gross Profit	1,000	700	1,700
- Operating Expense	300	100	400
Taxable Income	**700**	**600**	1,300
- Income Tax	175	240	**415**
Net Income	525	360	885

이전가격조작 후

	MA	DMA	CC
Sales	**2,500**	2,700	2,700
- Cost of Goods Sold	-1,000	**-2,500**	-1,000
Gross Profit	1,500	200	1,700
- Operating Expense	300	100	400
Taxable Income	**1,200**	**100**	1,300
- Income Tax	300	40	**340**
Net Income	900	60	960

MA : Manufacturing Affiliate (Tax rate 25%)
DMA : Distribution or Marketing Affiliate (Tax rate 40%)
CC : Consolidated Company

이전가격에 대한 조작은 각국 세무당국의 감시를 받고 있으므로 실제로 무리한 가격결정은 어렵다. 또한 윤리성을 강조하는 기업일수록 이전가격을 통한 세금절감은 피하고 있다. 설사 이전가격의 조작을 통해 세금을 절감하였다 하더라도 여러 문제가 발생한다. 예를 들어 세율이 높은 국가의 주주들은 비영리적인 요소에 기인한 이익 감소로 인해 배당의 감소나 주식가격의 하락으로 인한 피해를 받게 된다. 이러한 피해가 주주들의 소송으로 이어지거나 기업에 대한 불신이 발생하면 세금의 절감보다 더 큰 장기적인 손실을 입을 수 있으므로 매우 유의해야 하는 문제이다.

Future and Present Value of
Ordinary Annuity and Annuity Due[75]

A. Future value of Ordinary Annuity

$$Fo = A \times \frac{(1+R)^N - 1}{R}$$

B. Present value of Ordinary Annuity

$$Po = A \times \frac{\dfrac{(1+R)^N - 1}{R}}{(1+R)^N}$$

C. Future value of Annuity Due

$$Fd = A \times \frac{(1+R)^N - 1}{R} \times (1+R)$$

D. Present value of Annuity Due

$$Pd = A \times \frac{\dfrac{(1+R)^N - 1}{R}}{(1+R)^N} \times (1+R)$$

Where, A= annuity amount, R= interest rate per period, N= number of conversion periods.

---

75) 신상헌, 『이자계산방법론』, 삼우사 1998.

Based on the preceding above equations, eight more advanced formulas can be developed to apply to annuity flow and interest compounding that occur at different times.

A. Future Value of Ordinary Annuity

1. with multiple compounding per annuity term

$$Fo(mc) = A \times \frac{(1+r)^{n \times N} - 1}{(1+r)^n - 1} \quad,$$

$$Fo(mc) = Fo = A \times \frac{(1+R)^N - 1}{R} \quad \text{if r is effective rate}$$

2. with multiple annuity per compounding

$$Fo(ma) = m \times A \times \frac{(1+r)^P - 1}{r}$$

B. Present Value of Ordinary Annuity

1. with multiple compounding per annuity term

$$Po(mc) = A \times \frac{\dfrac{(1+r)^{n \times N} - 1}{(1+r)^n - 1}}{(1+r)^{n \times N}} \quad,$$

$$Po(mc) = Po = A \times \frac{\dfrac{(1+R)^N - 1}{R}}{(1+R)^N} \quad \text{if r is effective rate}$$

2. with multiple annuity per compounding

$$Po(ma) = m \times A \times \frac{\dfrac{(1+r)^P - 1}{(1+r)^P}}{r}$$

C. Future Value of Annuity Due

1. with multiple compounding per annuity term

$$Fd(mc) = A \times \frac{(1+r)^{n \times N} - 1}{(1+r)^n - 1} \times (1+r)^n,$$

$$Fd(mc) = Fd = A \times \frac{(1+R)^N - 1}{R} \times (1+R) \text{ if r is effective rate}$$

2. with multiple annuity per compounding

$$Fd(ma) = A \times \frac{(1+r)^p - 1}{r} \times (r+m)$$

D. Present Value of Annuity Due

1. with multiple compounding per annuity term

$$Pd(mc) = A \times \frac{\dfrac{(1+r)^{n \times N} - 1}{(1+r)^n - 1}}{(1+r)^{n \times N}} \times (1+r)^n,$$

$$Pd(mc) = Pd = A \times \frac{\dfrac{(1+R)^N - 1}{R}}{(1+R)^N} \times (1+R) \text{ if r is effective rate}$$

2. with multiple annuity per compounding

$$Pd(ma) = A \times \frac{\dfrac{(1+r)^p - 1}{(1+r)^p}}{r} \times (r+m)$$

Where, A= annuity amount, r= interest rate per compounding at multiple compounding(mc), and per annuity at multiple annuity(mc), R= interest rate per annuity at multiple compounding(mc), N= number of conversion period, P= total number of compounding, n= number of multiple compounding per period, and m= number of annuity per compounding.

Applications

In this section, real numbers are applied to the new formulas to calculate present value or future value, based on the number of compounding periods being greater than that of the annuity, given interest term, and vice versa.

A. Future Value of Ordinary Annuity
1. with multiple compounding per annuity term

At the end of each year, $100 is to be invested in an account that earns a nominal return of 6% a year, compounded every three months. What will be the amount in the account at the end of 5 years?

$$Fo(mc) = \$100 \times \frac{(1+1.5\%)^{4 \times 5} - 1}{(1+1.5\%)^4 - 1} = \$565.25$$

* If 6% is effective rate, r= $(1+6\%)^{1/4} - 1$, then =$563.71

2. with multiple annuity per compounding

At the end of each month, $1,000 is to be invested in an account that earns a nominal return of 10% a year, compounded every three months. What will be the amount in the account at the end of 5 years?

$$Fo(ma) = 3 \times \$100 \times \frac{(1+10\%/4)^{20} - 1}{10\%/4} = \$76,634$$

* If 10% is effective rate, r= $(1+10\%)^{1/4} - 1$, then =$75,954

B. Present Value of Ordinary Annuity

1. with multiple compounding per annuity term

At the end of each year, $6,000 is to be invested in an account that earns a nominal return of 10% a year, compounded every three months. What will be the present value amount in the account at the end of 10 years?

$$Po(mc) = \$6,000 \times \cfrac{\cfrac{(1+2.5\%)^{4\times10}-1}{(1+2.5\%)^4-1}}{(1+2.5\%)^{4\times10}} = \$36,271$$

* If 10% is effective rate, r= $(1+10\%)^{1/4}-1$, then =$ 36,867

2. with multiple annuity per compounding

At the end of each month, $100 is to be invested in an account that earns a nominal return of 10% a year, compounded every three months. What will be the present value amount in the account at the end of 5 years?

$$Po(ma) = 3 \times 100 \times \cfrac{\cfrac{(1+2.5\%)^{20}-1}{(1+2.5\%)^{20}}}{2.5\%} = \$4,677$$

* If 10% is effective rate, r= $(1+10\%)^{1/4}-1$, then =$4,716

C. Future Value of Annuity Due

1. with multiple compounding per annuity term

At the beginning of each year, $100 is to be invested in an account that earns a nominal return of 10% a year, compounded every three months. What will be the amount in the account at the end of 5 years?

$$Fd(mc) = \$100 \times \frac{(1 + 2.5\%)^{4\times5} - 1}{(1 + 2.5\%)^4 - 1} \times (1 + 2.5\%)^4 = \$679$$

* If 10% is effective rate, $r = (1 + 10\%)^{1/4} - 1$, then $= \$672$

2. with multiple annuity per compounding

At the beginning of each month, $100 is to be invested in an account that earns a nominal return of 10% a year, compounded every three months. What will be the amount in the account at the end of 2.5 years?

$$Fd(ma) = \$100 \times \frac{(1 + 2.5\% \ r)^{10} - 1}{2.5\%} \times (2.5\% + 3)^4 = \$3,389$$

* If 10% is effective rate, $r = (1 + 10\%)^{1/4} - 1$, then $= \$3,374$

D. Present Value of Annuity Due

1. with multiple compounding per annuity term

At the beginning of each of three months, $100 is to be invested in an account that earns a nominal return of 9% a year, compounded monthly. What will be the present value amount in the account at the end of 30th month?

$$Pd(mc) = \$100 \times \frac{\dfrac{(1 + \dfrac{2.25\%}{3})^{3\times10} - 1}{(1 + \dfrac{2.25\%}{3})^3 - 1}}{(1 + \dfrac{2.25\%}{3})^{3\times10}} \times (1 + \dfrac{2.25\%}{3})^3 = \$906$$

* If 9% is effective rate, monthly compounded 3 month interest $r = (1 + 9\%)^{3/12} - 1$, then $= \$909$

2. with multiple annuity per compounding

At the beginning of each month, $20 is to be invested in an account that earns a nominal return of 11% a year, compounded every three months. What will be the present value amount in the account at the end of 10 years?

$$Pd(ma) = \$20 \times \cfrac{\cfrac{(1+2.75\%)^{40}-1}{(1+2.75\%)^{40}}}{2.75\%} \times (2.75\%+3)^4 = \$1,458$$

* If 11% is effective rate, r = $(1+11\%)^{3/12} - 1$, then = $1,483

Appendix : Proof of Formula

A1; Fo(mc)

Finding the formula of multiple compounding(mc) per annuity from

the equation of $Fo = A \times \dfrac{(1+R)^N - 1}{R}$

If compounding times per annuity= n, interest rate per compounding= r, and total number of annuity terms = N are given,

Future value of 1st annuity; $F_1 = A_1 \times (1+r)^{n \times (N-1)}$

Future value of 2nd annuity; $F_2 = A_2 \times (1+r)^{n \times (N-2)}$

....

Future value of N−1th annuity; $F_{N-1} = A_{N-1} \times (1+r)^n$

Future value of Nth annuity; $F_N = A_N \times (1+r)^0$

The annuity $A_1 = A_2 = ... = A_{N-1} = A_N$; adding these amount in order, and denoting the amount of the annuity by Fo(mc), gives

$Fo(mc) =$
$A \times [(1+r)^{n \times (N-1)} + (1+r)^{n \times (N-2)} + ... + (1+r)^n + 1]$

The right member is a geometric series of N terms.
Multiplying both members by $(1+r)^n$ as follows:

$$(1+r)^n \times Fo(mc) =$$

$$A \times [\,(1+r)^{n \times N} + (1+r)^{n \times (N-1)} + \ldots + (1+r)^{n \times 2} + (1+r)^n\,]$$

Then subtracting the equation from the preceding equation gives:

$$Fo(mc) \times [\,(1+r)^n - 1\,] = A \times [\,(1+r)^{n \times N} - 1\,]$$

Therefore, the future value of an ordinary annuity with multiple compounding per annuity term is:

$$Fo(mc) = A \times \frac{(1+r)^{n \times N} - 1}{(1+r)^n - 1}$$

From this equation when r= effective interest rate, substitute $(1+R)^{1/n} - 1$ for r gives:

$$Fo(mc) = A \times \frac{(1 + (1+R)^{1/n} - 1)^{n \times N} - 1}{(1 + (1+R)^{1/n} - 1)^n - 1} A \times \frac{(1+R)^N - 1}{R} = Fo$$

A2; Fo(ma)

Finding the formula of multiple annuity(ma) per compounding from the equation of $Fo = A \times \dfrac{(1+R)^N - 1}{R}$

If payment times = m per compounding interval, and interest rate per compound = r, total number of compounding = P are given,

Future value of 1st compounding; $F_1 = m \times A \times (1+r)^{P-1}$

Future value of 2nd compounding; $F_2 = m \times A \times (1+r)^{P-2}$

....

Future value of P−1th compounding; $F_{p-1} = m \times A \times (1+r)^1$

Future value of Pth compounding; $F_p = m \times A \times (1+r)^0$

Adding these amount in order, and denoting the amount of the annuity by Fo(ma), we have:

$Fo(ma) =$

$m \times A \times [(1 + r)^{p-1} + (1 + r)^{p-2} + \ldots\ldots + (1 + r)^1 + 1]$

The right member is a geometric series of P terms.

Multiplying both members by (1+r) as follows:

$(1 + r) \times Fo(ma) =$

$m \times A \times [(1 + r)^p + (1 + r)^{p-1} + \ldots\ldots + (1 + r)^2 + (1 + r)^1]$

Then subtracting the equation from the preceding equation gives:

$Fo(ma) \times (1 + r - 1) - m \times A \times [(1 + r)^p - 1]$

Therefore, the future value of an ordinary annuity with multiple annuities per each compounding term is:

$$Fo(ma) = m \times A \times \frac{(1 + r)^P - 1}{r}$$

B1; Po(mc)

Finding the formula of multiple compounding(mc) per annuity from the equation of $Po = A \times \dfrac{\dfrac{(1+R)^N - 1}{R}}{(1+R)^N}$

If compounding times per annuity= n, interest rate per compounding= r, and total number of annuity terms= N are given,

Present value of 1st annuity; $P_1 = \dfrac{A_1}{(1 + r)^n}$

Present value of 2nd annuity; $P_2 = \dfrac{A_2}{(1 + r)^{n \times 2}}$

$\ldots\ldots\ldots\ldots\ldots\ldots\ldots\ldots\ldots$

Present value of N−1th annuity; $P_{N-1} = \dfrac{A_{N-1}}{(1 + r)^{n \times (N-1)}}$

Present value of Nth annuity; $P_N = \dfrac{A_N}{(1 + r)^{n \times N}}$

The annuity $A_1 = A_2 = \ldots = A_{N-1} = A_N$, adding these amount in order, and denoting the amount of the annuity by Po(mc), gives

$$Po(mc) = A \times [\, (1+r)^{-n} + (1+r)^{-n\times2} + \ldots$$
$$+ (1+r)^{-n\times(N-1)} + (1+r)^{-n\times N}]$$

The right member is a geometric series of N terms.

Multiplying both members by $(1+r)^n$ as follows:

$$(1+r)^n \times Po(mc) = A \times [\, (1+r)^0 + (1+r)^{-n} + \ldots$$
$$+ (1+r)^{-n\times(N-2)} + (1+r)^{-n\times(N-1)}]$$

Then subtracting the equation from the preceding equation gives:

$$Po(mc) \times [\, 1 - (1+r)^n \,] = A \times [\, (1+r)^{-n\times N} - 1]$$

Therefore, the present value of an ordinary annuity with multiple compounding per annuity term is:

$$Po(mc) = A \times \frac{\dfrac{(1+r)^{n\times N}-1}{(1+r)^n-1}}{(1+r)^{n\times N}}$$

From this equation when r= effective interest rate, substitute $(1+R)^{1/n}-1$ for r gives:

$$Po(mc) = A \times \frac{\dfrac{(1+(1+R)^{1/n}-1)^{n\times N}-1}{(1+(1+R)^{1/n}-1)^n-1}}{(1+(1+R)^{1/n}-1)^{n\times N}} \doteq A \times \frac{\dfrac{(1+R)^N-1}{R}}{(1+R)^N} = Po$$

B2; Po(ma)

Finding the formula of multiple annuity(ma) per compounding from

the equation of $Po = A \times \dfrac{\dfrac{(1+R)^N-1}{R}}{(1+R)^N}$

If payment times are m = per compounding interval, and interest rate per compound = r, total number of compounding = P are given,

Present value of 1st compounding; $P_1 = \dfrac{m \times A}{(1+r)^1}$

Present value of 2nd compounding; $P_2 = \dfrac{m \times A}{(1+r)^2}$

....

Present value of P-1th compounding; $P_{N-1} = \dfrac{m \times A}{(1+r)^{P-1}}$

Present value of Pth compounding; $P_N = \dfrac{m \times A}{(1+r)^P}$

Adding these amount in order, and denoting the amount of the annuity by Po(ma), we have:

$$Po(ma) = m \times A \times \left[\frac{1}{(1+r)^1} + \frac{1}{(1+r)^2} + \cdots \right.$$
$$\left. + \frac{1}{(1+r)^{p-1}} + \frac{1}{(1+r)^p} \right]$$

The right member is a geometric series of P terms.

Multiplying both members by $(1+r)$ as follows:

$$(1+r) \times Po(ma) =$$
$$m \times A \times \left[1 + \frac{1}{(1+r)^1} + \cdots \frac{1}{(1+r)^{p-2}} + \frac{1}{(1+r)^{p-1}} \right]$$

Then subtracting the equation from the preceding equation gives

$$Po(ma) \times (1 - 1 - r) = m \times A \times \left[\frac{1}{(1+r)^p} - 1 \right]$$

Therefore, the present value of an ordinary annuity with multiple annuities per each compounding term is:

$$Po(ma) = m \times A \times \frac{\dfrac{(1+r)^p - 1}{(1+r)^p}}{r}$$

C1; Fd(mc)

Finding the formula of multiple compounding(mc) per annuity from the equation of $Fd = A \times \dfrac{(1+R)^N - 1}{R} \times (1+R)$

If compounding times per annuity = n, interest rate per compounding = r, and total number of annuity terms = N are given,

Future value of 1st annuity $F_1 = A_1 \times (1 + r)^{n-N}$

Future value of 2nd annuity $F_2 = A_2 \times (1 + r)^{n \times (N-1)}$

....

Future value of N−1th annuity $F_{N-1} = A_{N-1} \times (1 + r)^{n \times 2}$

Future value of Nth annuity $F_N = A_N \times (1 + r)^n$

The annuity $A_1 = A_2 = \ldots = A_{N-1} = A_N$; adding these amount in order, and denoting the amount of the annuity by Fd(mc), gives

$Fd(mc) =$

$$A \times [\, (1 + r)^{n \times N} + (1 + r)^{n \times (N-1)} + \ldots\ldots + (1 + r)^{n \times 2} + (1 + r)^n \,]$$

The right member is a geometric series of N terms.

Dividing both members by $(1 + r)^n$ as follows:

$$\frac{Fd(mc)}{(1+r)^n} =$$

$$A \times [\, (1 + r)^{n \times (N-1)} + (1 + r)^{n \times (N-2)} + \ldots\ldots + (1 + r)^n + 1 \,]$$

Then subtracting the equation from the preceding equation gives:

$$Fd(mc) \times [\frac{(1+r)^n - 1}{(1+r)^n}] = A \times [(1+r)^{n \times N} - 1]$$

$$Fd(mc) = A \times \frac{(1+r)^{n \times N} - 1}{\dfrac{(1+r)^n - 1}{(1+r)^n}}$$

Therefore, the future value of an annuity due with multiple compounding per annuity term is:

$$Fd(mc) = A \times \frac{(1+r)^{n \times N} - 1}{(1+r)^n - 1} \times (1+r)^n$$

From this equation when r = effective interest rate, substitute $(1+R)^{1/n} - 1$ for r gives:

$$Fd(mc) = A \times \frac{(1+(1+R)^{1/n}-1)^{n \times N} - 1}{(1+(1+R)^{1/n}-1)^n - 1} \times (1+(1+R)^{1/n}-1)^n$$

$$= A \times \frac{(1+R)^N - 1}{R} \times (1+R) = Fd$$

C2; Fd(ma)

Finding the formula of multiple annuity(ma) per compounding from the equation of $Fd = A \times \dfrac{(1+R)^N - 1}{R} \times (1+R)$

If payment times = m per compounding interval, and interest rate per compound = r, total number of compounding = P are given,

Future value of 1st compounding; $F_1 = 1 \times A \times (1+r)^P$

Future value of 2nd compounding; $F_2 = m \times A \times (1+r)^{P-1}$

....

Future value of Pth compounding; $F_p = m \times A \times (1+r)^1$

Future value of P+1th compounding; $F_{p+1} = (m-1) \times A \times (1+r)^0$

Adding these amount in order, and denoting the amount of the annuity by Fd(ma), we have:

$Fd(mc) =$

$A \times [(1+r)^P - 1] +$

$\qquad m \times A \times [(1+r)^{P-1} + (1+r)^{P-2} + \dots + (1+r)^1 + 1]$

The right member is a geometric series of P terms.

Multiplying both members by (1+r) as follows:

$$(1+r) \times Fd(ma) = A \times [\,(1+r)^P - 1\,] \times (1+r) \; +$$
$$m \times A \times [\,(1+r)^P + (1+r)^{P-1} + \ldots (1+r)^2 + (1+r)^1\,]$$

Then subtracting the equation from the preceding equation gives

$$Fd(ma) = \times (1 + r - 1)$$
$$= A \times [\,(1+r)^P - 1\,] \times (1+r) - A \times [\,(1+r)^P - 1\,] \; +$$
$$m \times A \times [\,(1+r)^P - 1\,]$$
$$= A \times [\,(1+r)^P - 1\,] \times [\,(1+r) - 1 + m\,]$$

Therefore, the future value of an annuity due with multiple annuities per each compounding term is:

$$Fd(ma) = A \times \frac{(1+r)^P - 1}{r} \times (r + m)$$

D1; Pd(mc)

Finding the formula of multiple compounding(mc) per annuity from the equation of $Pd = A \times \dfrac{\dfrac{(1+R)^N - 1}{R}}{(1+R)^N} \times (1+R)$

If compounding times per annuity = n, interest rate per compounding = r, and total number of annuity terms = N are given,

Present value of 1st annuity; $P_1 = \dfrac{A_1}{(1+r)^0}$

Present value of 2nd annuity; $P_2 = \dfrac{A_2}{(1+r)^{n \times 1}}$

....

Present value of N−1th annuity; $P_{N-1} = \dfrac{A_{N-1}}{(1+r)^{n \times (N-2)}}$

Present value of Nth annuity; $P_N = \dfrac{A_N}{(1+r)^{n \times (N-1)}}$

The annuity $A_1 = A_2 = \ldots = A_{N-1} = A_N$; adding these amount in order, and denoting the amount of the annuity by Pd(mc), gives

$$Pd(mc) = A \times \left[\frac{1}{(1+r)^0} + \frac{1}{(1+r)^n} + \cdots \right.$$
$$\left. + \frac{1}{(1+r)^{n\times(N-2)}} + \frac{1}{(1+r)^{n\times(N-1)}} \right]$$

The right member is a geometric series of N terms.

Dividing both members by $(1+r)^n$ as follows:

$$\frac{Pd(mc)}{(1+r)^n} = A \times \left[\frac{1}{(1+r)^n} + \frac{1}{(1+r)^{n\times2}} + \cdots \right.$$
$$\left. + \frac{1}{(1+r)^{n\times(N-1)}} + \frac{1}{(1+r)^{n\times N}} \right]$$

Then subtracting the equation from the preceding equation gives:

$$Pd(mc) \times \left[\frac{1-(1+r)^n}{(1+r)^n} \right] = A \times \left[\frac{1}{(1+r)^{n\times N}} - 1 \right]$$

Therefore, the present value of an annuity due with multiple compounding per annuity term is:

$$Pd(mc) = A \times \frac{\dfrac{(1+r)^{n\times N}-1}{(1+r)^n-1}}{(1+r)^{n\times N}} \times (1+r)^n$$

From this equation when r = effective interest rate, substitute $(1+R)^{1/n} - 1$ for r gives:

$$Pd(mc) = A \times \frac{\dfrac{(1+(1+R)^{1/n}-1)^{n\times N}-1}{(1+(1+R)^{1/n}-1)^n-1}}{(1+(1+R)^{1/n}-1)^{n\times N}} \times (1+(1+R)^{1/n}-1)^n$$

$$= A \times \frac{\dfrac{(1+R)^N-1}{R}}{(1+R)^N} \times (1+R) = Pd$$

D2; Pd(ma)

Finding the formula of multiple annuity(ma) per compounding from

the equation of $Pd = A \times \dfrac{\dfrac{(1+R)^N - 1}{R}}{(1+R)^N} \times (1+R)$

If payment times = m per compounding interval, and interest rate per compound = r, total number of compounding = P are given,

Present value of 1st compounding; $P_1 = \dfrac{1 \times A}{(1+r)^0}$

Present value of 2nd compounding; $P_2 = \dfrac{m \times A}{(1+r)^1}$

....

Present value of Pth compounding; $P_P = \dfrac{m \times A}{(1+r)^{P-1}}$

Present value of P+1th compounding; $P_{P+1} = \dfrac{(m-1) \times A}{(1+r)^P}$

Adding these amount in order, and denoting the amount of the annuity by Pd(ma), we have:

$Pd(ma) =$

$A + m \times A \times \left[\dfrac{1}{(1+r)^1} + \dfrac{1}{(1+r)^2} + \ldots + \dfrac{1}{(1+r)^{P-1}} + \right]$

$\dfrac{m \times A}{(1+r)^P} - \dfrac{A}{(1+r)^P}$

$= A \times \left[1 - \dfrac{1}{(1+r)^P} + m \times A \times \left[\dfrac{1}{(1+r)^1} + \dfrac{1}{(1+r)^2} + \ldots \right. \right.$

$\left. \left. + \dfrac{1}{(1+r)^{P-1}} + \dfrac{1}{(1+r)^P} \right] \right]$

The right member is a geometric series of P terms.

Multiplying both members by (1+r) as follows:

$$(1+r) \times Pd(ma) =$$

$$= A \times [1 - \frac{1}{(1+r)^p}] + m \times A \times [\frac{1}{(1+r)^1} + \frac{1}{(1+r)^2} + \cdots$$

$$+ \frac{1}{(1+r)^{p-1}} + \frac{1}{(1+r)^p}]$$

Then subtracting the equation from the preceding equation gives

$$Pd(ma) \times (1 - 1 - r) = A \times [1 - \frac{1}{(1+r)^p}] \times [1 - (1+r) - m]$$

Therefore, the present value of an annuity due with multiple annuities per each compounding term is:

$$Pd(ma) = A \times \frac{\frac{(1+r)^P - 1}{r}}{(1+r)^P} \times (r+m)$$

1. African Stock Exchanges

- GhanaStock Exchange, Ghana
- Johannesburg Stock Exchange, South Africa
- The South African Futures Exchange(SAFEX), South Africa

2. Asian Stock Exchanges

- Sydney Futures Exchange, Australia
- Australian Stock Exchanges, Australia
- Shenzhen Stock Exchange, China
- Stock Exchange of Hong Kong,Hong Kong
- Hong Kong Futures Exchange,Hong Kong
- National Stock Exchange of India,India
- Bombay Stock Exchange, India
- Jakarta Stock Exchange, Indonesia
- Indonesia NET Exchange,Indonesia
- Nagoya Stock Exchange,Japan
- Osaka Securities Exchange, Japan
- Tokyo Grain Exchange, Japan
- Tokyo International Financial Futures Exchange (TIFFE), Japan
- Tokyo Stock Exchange, Japan
- Korea Stock Exchange, Korea
- Kuala Lumpur Stock Exchange, Malaysia
- New Zealand Stock Exchange, New Zealand
- Karachi Stock Exchange, Pakistan
- Lahore Stock Exchange, Pakistan
- Stock Exchange of Singapore (SES), Singapore
- Singapore International Monetary Exchange Ltd. (SIMEX), Singapore
- Colombo Stock Exchange, Sri Lanka
- Sri Lanka Stock Closings, Sri Lanka

- Taiwan Stock Exchange, Taiwan
- The Stock Exchange of Thailand, Thailand

3. **European Stock Exchanges**
   - Vienna Stock Exchange, Austria
   - EASDAQ, Belgium
   - Zagreb Stock Exchange, Croatia
   - Prague Stock Exchange, Czech Republic
   - Copenhagen Stock Exchange, Denmark
   - Helsinki Stock Exchange, Finland
   - Paris Stock Exchange, France
   - LesEchos: 30-minute delayed prices, France
   - NouveauMarche, France
   - MATIF, France
   - Frankfurt Stock Exchange, Germany
   - Athens Stock Exchange, Greece
   - Budapest Stock Exchange, Hungary
   - Italian Stock Exchange, Italy
   - National Stock Exchange of Lithuania,Lithuania
   - Macedonian Stock Exchange, Macedonia
   - Amsterdam Stock Exchange, The Netherlands
   - Oslo Stock Exchange, Norway
   - Warsaw Stock-Exchange, Poland
   - Lisbon Stock Exchange, Portugal
   - Bucharest Stock Exchange, Romania
   - Russian Securities Market News, Russia
   - Ljubljana Stock Exchange,Inc., Slovenia
   - Barcelona Stock Exchange, Spain
   - Madrid Stock Exchange, Spain
   - MEFF: (Spanish Financial Futures &Options Exchange), Spain
   - Stockholm Stock Exchange, Sweden
   - Swiss Exchange, Switzerland
   - Istanbul Stock Exhange, Turkey
   - FTSE International (London Stock Exchange), United Kingdom
   - London Stock Exchange: Daily Price Summary, United Kingdom

- Electronic Share Information, UnitedKingdom
- London Metal Exchange,United Kingdom
- London InternationalFinancial Futures and Options Exchange, United Kingdom

4. Middle Eastern Stock Exchanges
- Tel Aviv Stock Exchange, Israel
- Amman Financial Market, Jordan
- Beirut Stock Exchange, Lebanon
- Palestine Securities Exchange, Palestine
- Istanbul Stock Exhange, Turkey

5. North American Stock Exchanges
- Alberta Stock Exchange, Canada
- Montreal Stock Exchange, Canada
- Toronto Stock Exchange, Canada
- Vancouver Stock Exchange, Canada
- Winnipeg Stock Exchange, Canada
- Canadian Stock Market Reports, Canada
- Canada Stockwatch, Canada
- Mexican Stock Exchange, Mexico
- AMEX, United States
- New York Stock Exchange (NYSE),United States
- NASDAQ, United States
- The Arizona Stock Exchange, United States
- Chicago Stock Exchange, United States
- Chicago Board Options Exchange, United States
- Chicago Board of Trade, United States
- Chicago Mercantile Exchange, United States
- Kansas City Board of Trade, United States
- Minneapolis Grain Exchange, United States
- Pacific Stock Exchange, United States
- Philadelphia Stock Exchange, United States

6. South American Stock Exchanges

- Bermuda Stock Exchange, Bermuda
- Rio de Janeiro Stock Exchange, Brazil
- Sao Paulo Stock Exchange, Brazil
- Cayman Islands Stock Exchange, Cayman Islands
- Chile Electronic Stock Exchange, Chile
- Santiago Stock Exchange, Chile
- Bogota stock exchange, Colombia
- Occidente Stock exchange, Colombia
- Guayaquil Stock Exchange, Ecuador
- Jamaica Stock Exchange, Jamaica
- Nicaraguan Stock Exchange, Nicaragua
- Lima Stock Exchange, Peru
- Trinidad and Tobago Stock Exchange, Trinidad and Tobago
- Caracas Stock Exchange, Venezuela
- Venezuela Electronic Stock Exchange, Venezuela

〈출처: www.tdd.lt〉

국제재무원리와 사례

초판1쇄 발행 • 2012년 3월 15일

지은이 • 신상헌
펴낸이 • 이재호
펴낸곳 • 리북
등   록 • 1995년 12월 21일 제13-663호
주   소 • 서울시 마포구 서교동 395-68 서연빌딩 2층
전   화 • 02-322-6435
팩   스 • 02-322-6752

정   가 • 15,000원
www.Leebook.com

ISBN 978-89-97496-03-7